성 역할 내러티브

북한 출신자들의 증언으로 살펴보는

남북한 문화비교 총서 ⑲

성 역할 내러티브

북한 출신자들의 증언으로 살펴보는

전주람 | 배고은 | 곽태환 지음
배진영 그림

한국학술정보

○ 들어가는 글

남북한 문화비교연구 총서는 학계에만 국한되어 출간되는 연구물을 대중화할 필요가 있겠다는 기대로부터 기획되었습니다. 2020년 여름, 전주람은 학회지에 북한이주민의 생생한 증언을 담는 작업을 하고 있었습니다. 그때 한국학술정보출판사에서 연구자들이 그간 학술지면에 발표한 논문을 단행본으로 엮는 작업을 한다는 광고를 보게 되었습니다. 그래서 한국학술정보 이강임 팀장과 만나, 딱딱한 북한 관련 총서에서 벗어나 북한이주민의 생생한 증언을 담아내는 방식의 남북한 문화비교연구 총서를 엮자는 데 의견을 모았습니다. 그간 북한이주민들의 심리 · 사회적 자원을 시작으로 가족관계와 문화, 복지, 직장 생활 및 연애와 성과 사랑 등에 이르기까지 다양한 연구를 현장 인터뷰 방식으로 진행해 왔었는데, 그 내용을 남북한 문화비교 총서로 엮는다면 보다 많은 독자가 쉽게 내용을 접할 수 있지 않을까 판단했습니다.

남북한 문화비교 총서는 '일상생활(daily life)'을 주된 연구 영역으로 삼았습니다. 북한이주민의 일상생활이 어떠한지 자세히 살피고자 했습니다. 이를 통해 북한이주민에 관하여 고정되어 온 부정적 편견과 고정관념을 걷어내고, 그들을 새로운 관점으로 바라보는 태도를 보이게 하고자 했습니다. 이 총서는 북한이주민이 누구인지에 관한 인식 제고의 전환점과 담론을 제공해 줄 것이라 기대합니다. 대한민국 국민이 북한이주민에게 쉽게 다가가고 그들을 이해할 수 있는 좋은 자료가 될 것입니다. 궁극적으로는 향후 남북한의 사회문화적 통합에 중요한 기초자료로 활용될 수 있을 것으로 기대합니다.

프랑스 철학자 앙리 르페브르(Henri Lefebvre)는 일상생활을 인간의 전체성 관점에서 설명하였습니다. 자세히 보면 인간은 욕구의 차원, 노동의 차원, 놀이와 즐거움의 차원으로 존재가 파악되며 이 세 가지 요소가 유기적인 관계로 통합될 때만 비로소 인간의 참된 모습이 현실화한다고 하였습니다. 즉 인간이 생존하기 위해서는 모든 물질적 · 신체적 욕구가 충족되어야 하고, 동시에 그의 욕구를 충족시키기 위하여 일하지 않으면 안 된다고 언급한 것입니다. 일상을 다루는 것은 결국 일상성을 생산하는 사회, 우리가 살고 있는 그 사회의 성격을 규정짓는 것이므로, 진지한 연구 대상이 되어야 마땅합니다. 일상이 매일 되풀이되고, 보잘것없어 보이고, 지루한 업무의 연속처럼 느껴지고, 익숙한 사람과 사물의 잦은 마주침으로 가득 차 보일지 몰라도, 중요한 사실은 일상이 바탕에 있어야만 사건이 일어난다는 것입니다. 이처럼 일상생활 연구는 사회 전체에 대한 평가와 개념화를 함축하므로, 일상성을 하나의 개념으로만이 아닌 '사회'를 알기 위한 바로미터가 되기에 중요합니다.

따라서 남북한 문화비교 총서에서 북한이주민의 일상생활 모습을 전방위적으로 깊이 탐색하는 것은 사회문화적 통합 영역뿐만 아니라 실천적으로도 긴요한 일이라 할 수 있겠습니다.

총서 시리즈물의 열아홉 번째인 『성 역할 내러티브』 편은 가족학이라는 학문적 토대 위에 '북한'이라는 영역을 접목한 연구로, 이를 연구해 온 배고은 연구자와 이 주제에 깊은 관심을 가져온 곽태환 박사님이 함께 북한이주민의 성 역할에 관련된 다양한 주제들을 심도 있게 조명하였습니다. '일상생활'이라는 개념을 북한이주민에게 적용하면 어떤 내용이 담길지 고민과 숙의의 과정을 거쳤습니다. 결국 그들의 생생한 언어를 채록하는 일이 급선무라 판단했습니다. 그리하면 독자들이 이 책의 내용을 쉽게 이해할 수 있으리라 판단했습니다. 그 숙고의 여정 안에서, 전주람, 배고은, 곽태환은 미시환경 중에서 성 역할과 젠더라는 키워드를 중심으로 지식과 현장 활동 내용을 이 책에 담았습니다.

구체적으로 제1부에서는 '여성다움'의 경계에서, 여성들은 과연 어떤 사랑을 꿈꾸고 경험하며 살아왔을까? 본 장은 '성 역할'이라는 사회적 규범과 '사랑'이라는 개인적 감정, 그리고 '섹슈얼리티'라는 몸의 경험이 어떻게 서로 교차하고 충돌하는지 여성들의 생생한 목소리를 담았습니다.

제2부에서는 북한 출신 여성과 남성을 구분하여 각자의 성 역할에 대해 자유롭게 담론을 펼쳤습니다. 구체적으로 문화적 관점을 통해 드러나는 북한 사회의 젠더에 대한 인식 변화를 비롯해, 북한 출신자들이 인식하는 '여성다움'과 '남성다움'의 의미, 시댁에서의 여성 위치, 중매와 동거에 대한 견해, 북한 사회의 성(性)에 대한 최근 인식, 그리고 북한 사회에서 여성들의 사회적 지위를 종합적으로 탐구하였습니다. 이는 남한의 일상을 경험하는 그들을 이해하는 것이자, 그들이 속한 사회를 이해하는 것이기도 합니다. 요컨대 〈남북한 문화비교 총서〉는 남북인이 조화롭게 어울릴 수 있는 일상 문화를 찾아나가는 데 중요한 기초자료가 될 것입니다.

2025년 12월

전주람 · 배고은 · 곽태환

○ 목차

들어가는 글 | 5

제1부 여성다움,
그 경계에서 사랑을 말하다 배고은 · 곽태환

제1장 기억 속의 사랑 :
북한에서의 성 역할과 통제된 몸 / 16

제2장 도구화된 성 :
타향에서 잃어버린 신뢰 / 38

제3장 사랑의 재구성 :
새로운 관계를 꿈꾸며 / 51

제2부 (북한 출신자들의 증언으로 살펴보는)
성 역할 내러티브 전주람

제1장 북한 출신 여성들의 성 역할에 대한 자유로운 담론 / 66

제2장 북한 출신 남성들의 성 역할에 대한 자유로운 담론 / 84

배고은 · 곽태환

제1부

여성다움,
그 경계에서
사랑을 말하다

○

앞선 논의들이 북한의 공식적인 여성상과 그들이 짊어져야 했던 사회적 역할을 조명했다면, 이제 우리는 그 단단한 갑옷 너머의 세계, 즉 여성들의 가장 내밀한 감정과 관계의 영역으로 들어서고자 한다. 국가가 규정한 '여성다움'의 경계에서, 여성들은 과연 어떤 사랑을 꿈꾸고 경험하며 살아왔을까? 본 장은 '성 역할'이라는 사회적 규범과 '사랑'이라는 개인적 감정, 그리고 '섹슈얼리티'라는 몸의 경험이 어떻게 서로 교차하고 충돌하는지 여성들의 생생한 목소리를 통해 직접 따라가는 여정이다. 이러한 맥락에서 Kwon과 Chung(2012)은 북한 사회가 단순히 지도자의 카리스마에 의해 유지되는 것이 아니라, 주민들이 일상에서 수행하는 규율과 사회적 관행을 통해 체제가 끊임없이 재생산된다고 설명한다. 이 관점은 여성의 사랑과 성적 욕망을 개인의 자율적 감정으로만 볼 수 없고, 국가적 담론과 가부장적 규범이 내면화된 맥락에서 실천되는 행위로 이해할 수 있는 분석의 단초를 제공한다(권금상, 2018; 심영희, 2006; Kim, 2014).

북한 사회에서 '사랑'은 결코 개인의 자유로운 감정만으로 존재하지 않는다. 그것은 국가의 이데올로기적 필요에 따라 재단되고 통제되는 공적인 영역에 가깝다. 개인의 로맨스는 언제나 수령과 사회주의 체제에 대한 충성심으로 연결되어야만 그 정당성을 얻는다(Sigley, 2020). 특히 여성의 사랑은 국가와 가부장제가 긴밀히 결합한 체제 속에서(박경숙, 2012), '혁명의 어머니' 혹은 '혁명의 처녀'라는 젠더화된 영웅상 안에서 그 역할이 규정된다(Kim, 2014). '어머니'는 가족과 동지를 보살피는 내조와 희생으로, '처녀'는 혁명을 위해 개인의 행복을 기꺼이 포기하는 순결과 헌신으로 자신의 사랑을 증명해야만 했다(Kim, 2014). 이처럼 국가와 가부장제가 부여한 역할 중심의 사랑은 여성의 헌신을 가족과 국가의 목표에 귀속시키며 남성 중심의 위계를 공고히 하는 핵심 기제로 작동했다(Ryang, 1998).

나아가 이러한 사랑의 관념은 철저히 통제된 섹슈얼리티와 결합한다(박영자 외, 2021). 북한의 공식 담론에서 성(性)은 부끄럽고 숨겨야 할 대상이자, 오직 결혼과 출산이라는 국가적 필요 안에서만 허용되는 기능적 행위이다(박경숙, 2012; 조영주, 2018). 개인의 성적 쾌락이나 욕망은 '부르주아적이고 퇴폐적인 것'으로 낙인찍히며, 성희롱과 같은 일상적 폭력은 문제로조차 인식되지 않는다(박영자 외, 2021). 심지어 이러한 구조적 억압은 공권력을 가진 남성들이 지위를 이용하여 여성들에게 성폭력을 가해도 피해자들이 침묵할 수밖에 없는 극단적인 인권 침해로까지 이어진다(Human Rights Watch, 2022; 이숙영 외, 2016; 조정아 · 이지순 · 이희영, 2019). 결국 이들에게 사랑이란 평등한 파트너와의 정서적 · 신체적 교감이라기보다는, 국가와 가족을 위해 부여된 역할을 하는 것에 가까웠다(조정아 외, 2019).

하지만 여성들은 단지 국가가 규정한 역할에 순응하는 수동적인 존재만은 아니었다. '고난의 행군' 이후 장마당을 통해 가족의 생계를 책임지는 경제 주체로 부상하면서(손지혜 외, 2021), 이들의 역할과 관계, 그리고 사랑에 관한 생각에도 미세한 균열이 생기기 시작했다(이미경, 2006; 조정아 외, 2019). 물론 많은 여성이 여전히 차별적 현실을 비판적으로 인식하지 못한 채 주어진 역할을 내면화하기도 했다(Lee, 2005; 조영주, 2018). 이처럼 북한 여성의 사랑 이야기는 국가의 거대 담론과 개인의 생존 전략, 내면화된 규범과 새롭게 움트는 욕망이 복잡하게 얽혀 있는 다층적인 서사이다.

여기에서는 바로 이 복잡성의 중심부로 들어가 보고자 한다. 제1장에서는 북한이라는 공간 속에서 어머니 세대와 장마당 세대가 어떻게 다른 방식으로 사랑을 학습하고 경험했는지를, 제2장에서는 탈북 과정에서 신뢰와 몸이 어떻게 파괴되었는지를, 그리고 마지막 제3장에서는 남한 사회에서 이들이 어떻게 새로운 관계를 맺으며 사랑을 재구성해 나가는지를 여성들의 목소리로 생생하게 그려낼 것이다. 이 여정을 통해 우리는 '성 역할'이라는 굴레 속에서 자신의 사랑과 삶의 주체로 서기 위해 분투하는 여성들의 고통과 희망을 마주하게 될 것이다.

이어지는 서술은 저자들이 2021년부터 2025년 사이에 직접 수행한 연구 과정에서 수집한 북한이탈여성 16명의 심층 인터뷰 자료를 토대로 한다. 참여자들은 연구 목적과 절차에 관해 설명을 듣고 동의한 뒤 인터뷰에 참여하였으며, 모든 사례는 개인을 식별할 수 없도록 가명 처리와 맥락 재구성을 거쳤다. 이들은 20대에서 60대까지 다양한 연령층에 걸쳐 있으며, 다수는 1990년대 후반에서 2010년대 초반, 이른바 '고난의 행군' 이후 시기에 북한을 떠났다. 한국 사회로의 입국 시점 또한 2000년대 초반부터 2010년대 후반까지 다양해, 각기 다른 시간과 맥락 속에서 정착을 경험한 여성들의 목소리를 비교적 입체적으로 담아낼 수 있었다.

마지막으로 본문에서 다루는 사례들은 개인을 특정할 수 없도록 제시되었으며, 연구 윤리를 준수한 해석임을 밝힌다.

제1장 기억 속의 사랑 : 북한에서의 성 역할과 통제된 몸

북한에서 여성들이 경험하는 '사랑'은 단순한 감정의 차원을 넘어 사회적 구조와 생존의 맥락 속에서 형성된 다층적 개념이다(박영자, 2019; 조영아 외, 2019). 국가 담론은 여성을 '헌신적인 어머니'로 이상화하며, 가족 내의 애정을 국가 충성심과 연결하는 방식을 통해 개인적 친밀감을 집단적 책무로 전환해 왔다(박영균, 2022). 이러한 국가적 요구는 전통적 가부장제와 결합하면서 여성의 사랑을 '혁명의 어머니'나 '혁명의 처녀'라는 상징적 역할로 재정의하였고, 결과적으로 내조와 희생이라는 실천적 행위로 구체화하였다(Kim, 2014).

이와 같이 북한이라는 특수한 사회적 공간에서 '사랑'은 성 역할 규범과 긴밀하게 결부되어 학습되고 내면화되었다(Cho, Yee & Yi, 2020; Sigley, 2020). 여성의 애정은 가족만을 향한 사적인 감정에 머물지 않고 국가와 지도자에게 헌신하는 사회주의적 의무로 변환되었으며(Lee, 2005), 이는 곧 여성의 삶을 체제를 떠받치는 도구적 기반으로 위치시켰다(Noland & Haggard, 2012). 따라서 사랑은 사회주의적 의무와 전통적 성 역할이 교차하는 독특한 형태로 자리 잡았고, 세대에 따라 상이한 양상으로 드러났다.

국가 배급 체제에서 성장한 '어머니 세대'에게 사랑은 가족과 국가를 지탱하는 희생적 의무로 이해되었다(박철민, 2022; 박현선, 2020; 한인영 외, 2010). 이들의 친밀감은 감정 표현보다는 가정을 유지하고 자녀를 돌보는 책임을 다하는 데 중점을 두었다(박현선, 2020). 반대로, '고난의 행군' 이후 장마당 활동을 통해 경제적 주체로 등장한 '장마당 세대'는 사랑을 생존 전략의 일부로 경험하였다(채경희, 2019). 그들에게 사랑은 낭만적 이상보다 '누가 더 나의 생존에 안정적인 동반자가 될 수 있는가?'라는 현실적 선택의 문제로 연결되었다.

신철(2017)의 연구는 북한 청춘들이 경험한 연애와 결혼이 어떻게 집단 규범과 당 조직의 개입 속에서 규율화 되었는지를 보여준다. 당시 여성들은 혼기가 지나면 '가치가 하락한다'라는 사회적 낙인을 감내해야 했는데, 이는 북한의 성 역할 규범이 사랑과 친밀감을 개인적 감정이 아니라 체제적 책무로 규정하는 구조와 직결된다.

또한 사랑의 규정 방식은 여성의 몸에 대한 통제와도 긴밀히 연결된다. 욕망의 자유로운 표현이 억제된 북한 사회에서 여성의 몸은 국가가 요구하는 출산을 위한 '의무의 장소'가 되거나, 시장화 과정에서 교환 가능한 '자원'으로 여겨졌다(Cho, 2020). 사랑이 감정적 교류가 아닌 의무적 수행으로 학습된 것처럼, 섹슈얼리티 역시 집단의 필요를 충족시키는 수단으로 경험되었다.

이 장에서는 이러한 맥락을 바탕으로 세대별 경험을 교차 분석한다. 먼저 '어머니 세대'가 실천했던 희생적 사랑을 통해 친밀감이 어떻게 의무와 역할로 규정되었는지를 검토하고, 이어 '장마당 세대'의 생존 중심적 사랑을 통해 경제 구조 변화 속에서 사랑의 의미가 어떻게 재편되었는지를 살펴본다. 이를 통해 구술 자료 속 여성들의 서사에서, 변화하는 시대적 조건에 따라 사랑과 몸이 어떻게 다르게 실천되고 의미화되었는지를 드러내고자 한다.

제1절 어머니 세대의 '희생으로서의 사랑'과 성 역할

북한의 혼인 제도는 상호 간의 애정이나 개인적 합의보다는 국가가 승인한 사회적 의무로서 기능해 왔다. 이러한 틀 속에서 여성은 결혼을 통해 출산과 가족 유지라는 사회적 책무를 부여받으며, 가정 내 역할을 국가적 목표와 연결된 형태로 수행하도록 규율되었다(Kim, 2014). 다시 말해, 북한 사회에서 성(sexuality)은 친밀성과 개인적 욕망의 표현이 아니라 사회주의적 도덕규범과 국가적 필요에 따라 관리되었으며, 그 결과 여성의 성적 자기 결정권은 제한되고 결혼은 국가 재생산 체제의 일부로 편입되었다(Kim, 2014). 이러한 제도적 맥락은 여성의 몸과 성을 단순히 사적인 것이 아니라, 국가 이데올로기와 가부장적 질서를 유지 · 재생산하는 도구로 전환시키는 효과를 낳았다.

본 연구 참여자 중 40대 후반에서 60대에 해당하는 여성들의 구술에서도 이 같은 구조적 조건이 뚜렷하게 드러난다. 이들이 재북 시기에 경험한 사랑은 개인적 감정의 교류라기보다 '사회주의적 의무'와 '가부장적 순종'이 결합한 형태로 나타났다. 즉, 남편에 대한 애정은 내조와 복종을 통해, 자녀에 대한 사랑은 희생과 헌신을 통해 실천되었다. 선행 연구 역시 이러한 경향을 뒷받침한다.

이희영(2012)은 북한 여성들이 '헌신적인 아내와 어머니'라는 성 역할을 학습하는 과정에서, 사랑을 의무와 희생의 감정으로 내면화하게 된다고 분석했다. 구술 참여자들의 회고에서도 당시의 사랑은 가정을 지키고 국가에 충성해야 한다는 책임감과 긴밀히 얽혀 서술되었다. 이는 사랑이 사적 영역에 머무르지 않고, 집단적 헌신의 규율 속에서 의미화되었음을 보여준다. 또한 다른 연구들은 북한의 공식 담론이 여성을 '헌신하는 어머니'로 위치 지우며, 배우자와 자녀에 대한 사랑을 국가적 충성과 긴밀히 결부시키는 구조를 형성했다고 지적한다(박영균, 2022; 한인영, 2010).

이러한 맥락 속에서 본 연구의 참여자들이 재북 시절 경험한 사랑은 상호 간의 친밀한 교감이라기보다 사회적으로 부여된 성 역할을 토대로 기억되고 재구성된 일종의 '기억된 사랑(remembered love)'으로 자리매김했음을 알 수 있다(박현선, 2020).

1. 모성과 희생

'장마당 이전 세대'는 장마당 세대보다 앞서 태어나 국가 배급체제를 중심으로 한 사회주의적 환경에서 성장한 집단을 가리킨다. 이들은 생활 근간이 시장이 아니라 국가의 계획경제와 배급에 따라 유지되던 경험을 공유하며, 이후 1990년대 경제 붕괴와 시장화, 그리고 외부 정보의 유입 속에서 등장한 젊은 세대와는 구분되는 기준이 된다(김택빈, 2023; 채경희, 2019). 본 연구의 참여자 중 50대와 60대 여성들은 '고난의 행군' 이전에 유년기와 청년기를 보낸 장마당 이전 세대에 속한다. 이들의 구술을 통해 드러나는 사랑, 특히 자녀를 향한 모성은 자기 부정과 희생을 통해 실천되는 행위와 동일시된다.

이는 사랑을 개인의 내밀한 감정 표현으로 보기보다, 북한 체제가 부여한 사회 · 문화적 규범으로서의 성 역할을 깊이 체화한 결과로 해석할 수 있다. 사랑이 개인적 경험이라는 현대적 관념과 달리, 북한 사회가 여성에게 부과한 의무를 이행하는 것과 동격으로 여긴 것이다(조정아 외, 2019; 박영자, 2021). 이러한 역할 중심의 사랑은 개인의 자발적 선택이라기보다, 윗세대로부터 자연스럽게 학습되고 내면화된 규범이었다.

> "우리 어머니는 늘 '가족을 위해서는 여자가 희생해야 한다'라고 했어요. 남편한테는 내조, 자식한테는 희생이 사랑이라 배웠지요."
>
> – 사례 12 –

'고난의 행군'이라는 극한의 상황은 이러한 희생의 논리를 더욱 강화했다. 국가 배급 체계가 붕괴하면서 가족의 생존은 오롯이 개인, 특히 여성의 몫이 되었다(통일부, 2024). 남성들이 군과 조직에

묶여 있는 동안, 여성들은 장마당으로 내몰려 실질적인 가장 역할을 해야 했다(오유석, 2015). 이 과정에서 여성들은 자신의 끼니를 거르면서까지 자녀를 먹여 살리는 것을 당연하게 여겼다.

"남편이 군복무를 하니까, 집안은 내가 다 책임져야 했지요. 애들 굶기지 않으려고 내 밥은 굶어도 애들 먼저 먹였어요. 희망도 없고, 내가 살아야 할 이유도 없지만, 그래도 애들은 살리겠다는 마음으로 젖동냥하고, 나무껍질 뜯어가며 버텼어요."

– 사례 5 (50대 초반) –

자녀 출산 이후에도 여성들은 자기 몸을 돌볼 여유 없이 다시 생존의 현장으로 내몰렸다. 공식적으로는 출산 및 육아와 관련한 사회주의적 제도가 존재했으나, 경제난으로 인해 사실상 유명무실해졌기 때문이다(조정아 외, 2019). 산후조리라는 개념은 사치에 가까웠으며, 자녀의 생존을 보장하기 위해 자신의 건강을 희생하는 것이 일상화되었다(손지혜 외, 2021).

"대부분은 출산하고 하루 이틀, 길어야 20일이 지나면 다시 일터로 나갔습니다. 부모의 도움을 받을 수 있는 집이 아니라면 산후조리라는 건 꿈도 못 꾸었지요. 북한에서는 여자가 벌지 않으면 살 수 없으니까, 저는 장사라도 해서 아이를 먹여 살려야 했어요. 내 살을 떼어내는 것 같은 희생으로 아이를 키웠다고 밖에 말할 수 없어요."

– 사례 16 –

[사례 16]의 "내 살을 떼어내는 희생(sacrifice)"이라는 표현은 어

머니 세대가 체화한 사랑이 단순한 감정적 차원을 넘어 자녀의 생존과 자신의 생존을 맞바꾸는 처절한 행위였음을 압축적으로 보여준다. 이는 북한 사회의 구조적 빈곤과 가부장적 성 역할 규범(gender role norms)이 결합하여 형성한 특수한 '희생의 언어'라고 할 수 있다(Lee, 2005; Cho, 2020). 이러한 희생의 서사는 자녀를 위해 목숨을 걸고 국경을 넘는 탈북의 과정에서 절정에 이른다. 남편의 부재는 곧바로 여성에게 생존의 모든 짐을 지우는 종속적 관계의 이면을 드러내며, 여성들은 오직 자녀를 살리겠다는 일념으로 죽음의 위험을 감수했다.

> **"남편이 서른일곱에 사고로 세상을 떠났어요. 그때부터 사는 게 막막했지요. 애들이 딸 열세 살, 아들 열한 살이었는데, 제가 혼자 다 책임져야 했어요. 그 순간에는 다른 생각 할 겨를도 없었어요. 그냥 '돈을 벌어야 한다, 그래야 애들이 산다'라는 그 생각뿐이었지요. 죽을 수도 있겠다는 두려움은 뒤로 밀리고, 오직 아이들 먹여 살릴 길만 눈앞에 보였어요."**
>
> **- 사례 8 -**

[사례 8]의 증언처럼, 그녀의 탈북 동기는 개인적 욕망이나 안전에 대한 고려보다 자녀의 생존을 최우선으로 하는 모성애적 실천이었다. 박현선(2020)은 이러한 희생의 논리가 '내가 고생하면 아이는 더 나은 삶을 살 수 있다'라는 자기 정당화의 과정을 통해 강화된다고 지적한다. 결국 이전 세대에게 모성은 가족에 대한 사랑을 사회적 · 정치적 차원의 헌신(devotion)으로 전환하는 핵심 기제였으며, 생존의 위기 속에서 그 의미는 더욱 절대적인 것이 되었다.

2. 남편 내조와 종속적 부부관계

장마당 이전 세대에게 남편에 대한 사랑은 '내조(內助)'라는 언어를 통해 표현되고 실천되었다. 여기서 내조란 배우자의 사회적 성취를 뒷받침하는 조력자로서, 남편의 지위를 유지하기 위해 가정 내부의 책임을 다하는 여성을 의미한다(공혜미, 2002). 이는 단순한 역할 분담을 넘어, 북한의 가부장적 문화가 여성에게 부여한 가장 중요한 정체성이었다. 실제로 임인숙과 윤인진(2008)의 연구에 따르면, 재북 시절 북한 주민들은 성별을 불문하고 기혼 여성의 최우선 역할을 '남편을 내조하는 아내'로 간주했다. 이는 북한 사회의 가부장적 문화가 '남자는 바깥일, 여자는 안일'이라는 명확한 성별 분업을 공식적으로 규정했기 때문이다(Cho et al., 2020; Humans Rights Watch, 2022). 그러나 이러한 공식적 지향과 실제 삶 사이에는 큰 괴리가 존재했으며(임순희, 2014), 결국 여성에게 이중의 부담을 강요하는 논리로 작용했다(Cho et al., 2020; Lee, 2005).

선행 연구에 따르면, 북한 남성들은 남한 남성보다 성 역할 측면에서 더 성(性) 전형화되어 있으며, 남녀평등에 대해서도 보수적인 가치관을 보인다(정진경, 2002). 이러한 사회적 분위기 속에서 남성은 '혁명 과업 수행'이라는 공적 영역의 역할이 강조된 반면, 여성은 가사와 자녀 양육이라는 사적 영역의 책임은 물론, 남성 못지않은 바깥일까지 당연하게 요구받았다(신효숙, 2024; Lee, 2005; Noland & Haggard, 2012).

"북한에서는 남자와 여자의 할 일이 정해져 있어요. 남자는 밖에 나가서 일하고 돈을 벌어오는 게 당연한 거고, 여자는 집안일을 전부 맡아요. 그런데 그렇다고 여자가 집안일만 하는 것도 아니에요. 집안일 다 하고, 또 밖에 나가 나무하고 일도 해요. 결국 여자가 훨씬 일을 더 많이 하면서도 남편을 뒷받침하는 게 당연하게 여겨졌지요."

- 사례 5 -

[사례 5]의 구술은 '남편 내조'라는 코드가 어떻게 여성의 이중 노동을 정당화하는 기제로 작동했는지를 명확히 보여준다. '남자와 여자의 할 일이 정해져 있다'라는 인식은 표면적으로는 성별 분업을 의미하는 듯하지만, 실질적으로는 여성에게만 가사 노동의 전적인 책임과 외부 노동의 의무를 동시에 부과하는 불평등한 구조를 드러낸다. '여자가 훨씬 일을 더 많이 하면서도 남편을 뒷받침하는 게 당연하게 여겨졌다'라는 마지막 문장은 여성의 과도한 노동이 평등한 파트너십의 기여가 아닌, 남성을 보조하는 종속적 역할로만 평가절하되었음을 압축적으로 증언한다.

특히 '고난의 행군' 이후 장마당 경제가 활성화되면서 여성이 가족의 실질적인 생계 부양자로 부상했지만, 이러한 경제적 역할의 변화가 곧바로 부부관계의 평등으로 이어지지는 않았다(오유석, 2015; Noland & Haggard, 2012; Cho et al., 2020). 임인숙과 윤인진(2008)의 분석은 중요한 통찰을 제공한다. 이들의 연구에 따르면, 탈북 여성의 취업이나 소득 수준이 부부 권력에 미치는 영향은 제한적이며 아내의 희생이나 남편에 대한 복종을 당연시하는 태도는 여전히 보수적으로 남아 있다. 즉, 여성의 경제 활동은 남편을 보조하고 가정을 유지하기 위한 '내조'의 연장선으로 인식되었을 뿐, 가정 내 의사결정 권한은 여전히 남성에게 집중되어 있었다(Lee, 2005). 이러한 현상은 북한 사회 전반의 불평등 구조와도 맞닿아 있는데, 시장화 과정에서 발생한 소득 격차가 교육 및 건강 불평등으로 이어지며 기존의 계층 구조를 더욱 공고히 했기 때문이다(최규빈 외, 2021).

> "내가 돈이 없이 맨몸으로 결혼했으니까 눈치 보이고, 자식을 낳아도 남편한테 쥐여사는 느낌… 그런 걸 많이, 많이 받았어요. […] 그냥 어떻게 말하면 내가 이 사람(남편)하고 그냥 억지로 사는 그런 거… 나는 자유가 없어요. 남편은 하늘, 여자는 땅, 딱 이래요. 대부분 여자들이 그럴걸요."
>
> – 사례 1 –

[사례 1]의 발언은 종속적 부부관계의 내면을 가장 선명하게 보여주는 서사이다. 경제적 취약성("돈이 없이 맨몸으로 결혼했으니까")은 관계의 불평등을 심화시키고, "남편한테 쥐여사는 느낌"이라는 표현을 통해 정서적 · 심리적 종속 상태를 드러낸다. 특히 "남편은 하늘, 여자는 땅"이라는 관용구는 북한의 수직적이고 위계적인 부부관계를 상징적으로 보여주는 강력한 은유이다. 이는 사랑이 평등한 교감으로 경험되기보다 '자유가 없는' 의무적인 관계로 체화되었음을 시사하며, 이러한 불평등이 한 개인의 특수한 경험이 아닌 "대부분 여자들이 그럴 것"이라는 보편적인 현실이었음을 강조한다.

결론적으로 이전 세대 여성들에게 남편을 향한 사랑과 헌신은 평등한 파트너십 속에서 교환되는 감정이 아니라, 종속적인 성 역할 규범 안에서 희생을 통해 실천되는 행위로 체화되었다. 여성들은 가사와 외부 노동의 이중고를 감당하면서도, 그들의 노동 가치는 제대로 인정받지 못한 채 남편을 뒷받침하는 보이지 않는 토대로만 기능했다.

3. 의무로서의 섹슈얼리티와 억압된 욕망

북한 사회에서 여성의 섹슈얼리티는 공식적 이념과 가부장적 현실 사이의 모순이 가장 첨예하게 드러나는 장이었다(Lee, 2005). 국가 차원에서는 남녀평등을 법제적으로 선언했지만(박영자, 2021), 실제 주민들의 삶, 특히 부부관계의 내밀한 영역에서는 여성의 성적 자기 결정권이 부재한 채 가부장적 이데올로기가 강력하게 작동했다(박영균, 2022). 임순희(2014)가 지적했듯, 이러한 공식 지향과 삶의 실제 사이의 괴리는 여성이 자기 몸을 성적 주체로서 인식하기 어렵게 만드는 구조적 배경이 되었다.

북한의 공식 담론 속에서 성(性)은 사회주의 도덕에 어긋나는 부르주아적이고 퇴폐적인 것으로 치부되거나(박영자, 2021), 오직 '혁명의 대를 잇는' 출산과 결부된 기능적 행위로만 제한적으로 허용되었다(Cho et al., 2020). 이러한 문화 속에서 여성의 성적 욕망은 공적으로는 물론 사적으로도 표현되거나 존중받기가 어려웠다. 다수의 선행 연구는 탈북 여성들이 재북 시절 순종적인 아내의 역할에 맞춰 살아가면서 자기 성적 주체성이 억압되었다고 증언함을 보여준다(신철, 2017; 이영선 · 구혜완 · 한인영, 2011; 전주람 외, 2022; 박영자, 2021; Ryang, 1998; Cho et al., 2020). 결국 여성의 성적 경험은 상호 간의 친밀한 교감이라기보다, 남편의 권위를 확인하고 재생산의 의무를 다하는 책무로 환원되었다.

> "서로 너무 사랑하는데 몸을 섞는다? 그럴 수 있지, 근데 내가 거기(북) 있을 때 그것보다는 술 먹고 와서 그러는 거지… (강압적으로) 이리 와! 여기서는 내 자유대로 한다는 게 이상한 거예요. …몸 섞는 것도 남편이 하자 하면, 하는 거고…"
>
> – 사례 2 –

[사례 2]의 구술은 '의무로서의 섹슈얼리티'와 '억압된 욕망'이라는 두 코드가 어떻게 여성의 몸에 각인되었는지를 생생하게 증언한다. "서로 너무 사랑하는데 몸을 섞는다"라는 가능성을 인정하면서도, 자신의 실제 경험은 "술 먹고 와서 그러는 거지"와 같이 사랑과 분리된 강압적 행위였음을 대조적으로 보여준다. 여기서 "남편이 하자 하면, 하는 거고"라는 체념 섞인 발언은, 성관계가 상호 합의나 욕망의 교류가 아닌, 남편의 일방적 요구에 순응해야 하는 '의무'였음을 명확히 한다. 이는 여성의 성적 자기 결정권이 부재했음을 의미하며, '내 자유대로 한다는 게 이상한' 현실 속에서 여성의 욕망은 철저히 '억압'될 수밖에 없었음을 드러낸다. 결국 이 발언은 북한 사회의 가부장적 질서가 여성의 몸을 재생산과 가

족 내 순종의 역할에 두었던 구조적 맥락을 드러내는 사례로 해석될 수 있다.

다른 탈북 여성들의 서사를 분석한 연구들 또한 결혼 생활 속 성적 경험이 애정 교류가 아닌 일방적 요구와 강압 속에서 이루어진 경우가 많았음을 지적한다(이영선 외, 2011; 황석영, 2012; 호정화, 2022). 이는 성(性)이 여성 개인의 권리나 자기결정의 영역이 아니라 남편의 권위를 정당화하는 수단으로 작동했음을 의미하며, 그 결과 여성의 욕망은 침묵을 강요당했다(박영자, 2021; Cho et al., 2020). 이러한 현실은 북한에 성평등 관련 법제가 존재함에도 불구하고, 제도와 현재 삶 사이에 깊은 간극이 존재했음을 다시 한번 확인시켜 준다(설진배 · 송은희, 2018; 임순희, 2014; 정진경, 2002).

제2절 장마당 세대의 '현실로서의 사랑'

장마당 세대는 대체로 1980~1990년대에 출생하여 1990년대 중반 '고난의 행군' 시기에 유년기와 청소년기를 보낸 집단을 가리킨다(강동완 · 김범수, 2023). 배급제가 붕괴한 이후 이들은 장마당을 생존의 무대로 삼아 성장했고, 시장을 통해 물자를 구하고 관계를 맺으며 새로운 생활 방식을 익혔다. 다시 말해 장마당은 단순한 생필품 거래 공간을 넘어, 이 세대의 가치관과 삶의 규범을 형성한 구체적 현실이었다(권금상, 2025).

통일부가 2013~2022년 탈북민 6,351명을 대상으로 실시한 「북한 경제 · 사회 실태 인식보고서」에 따르면, 장마당 경제의 확산 속에서 여성들은 혼인 시기를 늦추는 경향을 보였으며, 가정 내 지위 또한 과거보다 높아졌다는 응답이 많았다(통일부, 2024). 이는 사랑과 결혼이 낭만적 감정보다 생존과 책임이라는 조건에 의해 재편되었음을 보여준다. 그러나 동시에 김정은 정권은 어버이 담론과 사회적 모성 담론을 활용해 여성을 '수령의 딸'이자 사회의 꽃으로 재현하며, 조선옷 착용을 강요하는 등 전통적 여성상을 강화하는 정책을 병행해 왔다(경향신문, 2024-02-06). 이러한 재가족화 전략 속에서 여성에게 부과된 돌봄과 생계 책임은 필연적인 '이중노동'으로 정당화되었고(김석향 · 권혜진, 2009; 안인해, 2001; Cho et al., 2020; Lee, 2005), 결과적으로 국가 가부장제를 유지하는 물질적 기반으로 기능하였다(김경희 · 강은애 · 손명아, 2016).

이와 같은 맥락에서 장마당 세대의 사랑은 추상적 관념이 아니라, '고난의 행군'이라는 시대적 위기와 장마당이라는 생활 공간에서 재구성된 현실적 경험이었다(강동완 · 김범수, 2023). 권금상(2025)은 장마당이 여성을 가족 생존의 핵심 주체로 부상시킨 공간이었지만, 그 경제적 역할의 확대가 곧바로 전통적 성 규범(gender norms)의 해체로 이어지지 않았음을 지적한다. 여성의 시장 활동은 남성의 '공양 능력'을 보완하고 가족을 유지하는 행위로 이해되었으며, 이는 오히려 가부장제를 약화하기보다 공고히 하는 역설을 낳았다(오유석, 2015; 임인숙 · 윤인진, 2008; Cho et al., 2020).

결국 장마당 세대에게 사랑은 생존을 위한 '현실적 파트너십'으로 자리매김하였다. 여성들은 시장 활동을 통해 일정한 자율성을 확보하며 배우자 선택과 관계 유지에서 이전보다 확장된 성적 주체성을 발휘할 여지를 얻었으나, 가사와 생계노동의 이중 부담과 지속적인 가부장적 압력 속에서 그 주체성은 여전히 위태롭게 제한되었다(안인해, 2001; Lee, 2005). 따라서 이 세대의 사랑을 규정하는 핵심 코드는 낭만적 이념이 아니라 냉정한 생존의 논리였으며, 개인의 욕망과 친밀성마저 시장이라는 새로운 조건 속에서 재편되었다.

이와 같은 맥락에서 본 장은 세 가지 하위 범주를 중심으로 서술을 전개한다. 첫째, 시장을 통해 가족 생계를 떠맡으며 경제 주체로서 책임을 지게 된 여성들의 경험을 살펴본다. 둘째, 생존 현장에서 생활력을 보여주지 못하는 남성들에 대한 불신이 어떻게 관계의 조건을 바꾸었는지를 검토한다. 셋째, 궁극적으로 사랑의 성립 조건에서 경제력이 어떤 의미를 지니게 되었는지를 분석한다. 이러한 흐름을 통해 장마당 세대가 체득한 사랑의 방식이 단순한 감정 교류가 아니라 냉정한 생존 논리에 의해 규정되었음을 보여주고자 한다.

1. 경제 주체로서 책임

'고난의 행군'을 거치며 성장한 장마당 세대에게 사랑은 낭만적 감정 이전에 가족의 생존을 책임져야 하는 현실적인 의무와 직결되었다(박현선, 2020; 안태윤, 2016). 국가 배급제가 붕괴하고 기존의 사회주의적 남성 부양자 모델이 무너지면서 여성들은 생존을 위해 장마당으로 내몰렸고, 이는 자연스럽게 이들을 가족의 생계를 책임지는 새로운 경제 주체로 호명했다(안인해, 2001; 강동완 · 김범수, 2023; 채경희, 2019). 이는 단순히 경제적 역할의 변화를 넘어, 여성의 성 역할과 사랑의 개념, 나아가 섹슈얼리티까지 재구성하는 근본적인 전환이었다. 이러한 시대적 변화는 여성 삶의 우선순위를 근본적으로 재편했다. 물론 자녀를 위해 자신의 욕망을 뒤로하는 어머니의 헌신 자체는 남한 사회에서도 발견되는 보편적인 모성의 한 형태이다. 2000년대 초반 아이를 낳았다는 [사례 4]의 구술은 바로 이 지점을 잘 보여준다.

> **"결혼 전에는 내 몸뚱이 하나만 건사하면 됐는데, 아이를 낳으니까 완전히 달라졌어요. 내가 버는 돈은 이제 내 돈이 아니에요. 전부 아이를 먹여 살리는 데 들어가요. 나는 굶어도 우리 아들은 굶길 수 없으니까요. 좋은 옷이 문제가 아니라, 당장 내일 먹일 쌀을 걱정해야 하니, 제가 뭘 입고 뭘 먹는지는 생각할 겨를도 없어요. 그게 가장으로서의 제 책임이니까요. 적어도 우리 아들한테는 이런 삶을 물려주고 싶지 않았어요."**
>
> **- 사례 4 -**

하지만 이 보편적 감정이 '고난의 행군'이라는 절대적 결핍과 국가 시스템의 붕괴라는 특수한 사회적 맥락과 만났을 때, 그것은 단순한 희생을 넘어 생존을 위한 처절한 투쟁의 양상을 띠게 된다(박영자, 2021). 여기서 사랑은 더 이상 낭만적 교감이 아니라, 자녀에게 더 좋은 것을 제공하기 위한 경제적 헌신을 통해 증명되는 실천적 행위가 된다.

이러한 책임감은 선택의 문제가 아니라, 생존을 위한 절대적인 과제였다. '고난의 행군' 시기 국가 배급 시스템이 붕괴하고 남성 중심의 공식 경제가 마비되면서, 여성들은 가족의 생존을 위해 장마당으로 진출하여 실질적인 가장 역할을 하게 되었다(권금상, 2025; 김석향 · 권혜진, 2009; 오유석, 2015). 이는 표면적으로는 '남성은 바깥일, 여성은 안일'이라는 전통적인 성 역할의 전복처럼 보이지만, 실제로는 '가족을 돌보는' 여성의 역할이 가정 내에서 시장으로 확장된 것에 가까웠다(임순희, 2014). 즉, 여성의 경제 활동은 가정 내 평등한 권력 재분배로 이어지기보다, 남성의 무너진 권위를 보완하고 가족을 유지하기 위한 '내조'의 연장선으로 인식되는 경향이 강했으며(임인숙 & 윤인진, 2008), 이는 기존의 가부장적 질서를 해체하기보다 오히려 유지, 강화하는 역설적인 결과를 낳았다(Cho et al., 2020).

> "고난의 행군 시기에 애 아빠가 직장에 나가도 월급을 못 받고, 석 달에 한 번씩 옥수수 5kg 받는 게 다였어요. 남편이 직장에 나가도 당장 손에 들어오는 게 없으니… 그걸로는 애들하고 살 수가 없으니까…(중략)… 뭐라도 해야 당장 죽을 수는 없잖아요. 그때부터였어요. 제가 생계를 책임지고, 시장에 나가서 돈이 되는 건 장독대 뚜껑이 되든 뭐든, 먹을 거로 바꿀 수 있는 건 다 내다 팔았어요. …(중략)… 여기서 장마당 나가서 일하는 사람은 다 여성이에요. 죽지 않고, 살아야죠. 무조건 살아서 버텨야죠."
>
> – 사례 6 –

[사례 6]의 증언은 여성이 경제 주체가 된 것이 성 역할의 재편 과정이었음을 명확히 보여준다. '남편 월급의 부재'와 '부족한 배급'은 기존 남성 부양자 모델의 붕괴를 의미하며, 그 공백을 여성이 채우는 것이 '당연한 것'으로 받아들여졌다. 이는 여성의 경제 활동이 평등한 역할 분담이라기보다, 위기 상황에서 가족을 지켜야 한다는 전통적인 여성의 돌봄 역할이 시장으로 확장된 결과임을 시사한다.

가족 부양이라는 막중한 책임감은 때로 여성의 몸과 섹슈얼리티를 마지막 생존 수단으로 내몰기도 했다. 자신의 존엄성을 포기하는 극단적인 선택을 통해서라도 그 책임을 다하고자 했던 여성들의 서사는, 경제적 책임이 섹슈얼리티의 영역까지 어떻게 침범하는지를 비극적으로 보여준다.

> **"우리 어머니가 너무 속 타서 세 명이서 같이 자살하자, 그러더라고요. 그때 저는 어렸고, 위로 언니, 아래 남동생이 있었는데 …(중략)… 언니가 자살하는 것보다 팔려서라도…그러니까 돈 많은 집에 팔려 가면… 먼 데서 서로 보지 못하고 살아도, 우선 살아 있다는 게 우리 가족 모두 사는 일이라고 그랬어요. 그때 언니 나이가 남한으로 치면, 중고등학교쯤? 됐을 때였어요. 무슨 부잣집에 재첩(식모)으로 간다고 가고…"**
>
> **- 사례 10 -**

'팔려서라도 잘 사는 게 낫다'라는 처절한 선택은, 사랑이 생존의 논리와 결합할 때 여성의 섹슈얼리티가 어떻게 도구화될 수 있는지를 극명하게 보여준다. 이는 여성의 몸이 가족을 부양하기 위한 마지막 상품이 될 수 있음을 의미한다. '자살'과 '팔려 가는 것' 사이에서의 선택은 여성에게 부과된 경제적 책임감이 얼마나 절대적이고 폭력적인 형태로 나타났는지를 보여주는 비극적 사례이다.

결국 장마당 세대에게 사랑이란, 가족을 지키기 위한 경제적 책임을 온몸으로 감당해 내는 과정 그 자체였으며, 이는 전통적인 성 역할을 전복하고 재구성하며, 때로는 자기 몸과 섹슈얼리티마저 생존의 도구로 삼아야 했던 처절한 현실의 다른 이름이었다.

2. 사랑의 조건으로서의 경제력

'고난의 행군' 이후 장마당 경제가 여성 중심으로 재편되면서, 북한 사회의 전통적인 남성 부양자 모델은 근본적인 도전에 직면했다(통일부, 2024). 국가 배급이 중단되고 직장에서 임금을 받지 못하는 상황이 지속되자, 많은 남성은 가장으로서의 권위를 유지하기가 어려웠다. 일부 연구에 따르면 남편의 경제적 무능력은 아내의 존경심을 잠식하고 부부관계의 권력 구도를 재편하는 중요한 요인으로 작용했을 가능성이 제기된다(Noland & Haggard, 2012). 이러한 맥락 속에서 여성들은 생존의 최전선에서 가족 부양을 책임지게 되었고, 남성의 '생활력'은 관계 지속의 핵심 조건으로 부상하였다.

이 시기에 유년기와 청소년기를 보낸 장마당 세대의 경험은 변화의 단면을 잘 드러낸다. 40대 초반인 [사례 6]은 장마당에서 가족 생계를 직접 책임졌으며, 직장에서 빈손으로 돌아와 술에 의존하고 폭력을 행사하는 남편의 모습을 목격했다. 그녀는 "남자구실이라는 게 결국 처자식을 굶기지 않는 것"이라고 말하며, 생활력을 상실한 남편을 더 이상 존경할 수 없게 된 심정을 토로했다. 이러한 경험은 전통적 가부장제에 대한 신뢰가 현실 속에서 무너지고, 남편에 대한 불신으로 전환되는 과정을 보여준다.

> "제가 생각할 때 남자구실이라는 게 별거 없어요. 처자식 굶기지 않고 먹여 살리는 게 남자구실이지요. 그런데 고난의 행군 때 남편이 직장에 나가도 빈손으로 오고… 내가 장사해서 벌어온 돈으로 술이나 마시고… 그러다 술만 마시면 저를 때렸는데, 자기가 돈을 못 벌어오니까 그게 더 심해지더라고요. 가장으로서 자존심이 상하니까 그걸 폭력으로 푸는 거죠. 시아버지까지 저를 발로 차고… 근데 (남편이) 보고만 있어요. 그 순간 깨달았어요. '아, 이런 사람을 내가 왜 하늘처럼 떠받들어야 하지? 내가 왜 이렇게 살아야 하지?…"
>
> – 사례 6 (40대 초반) –

특히 남편의 폭력은 권위의 상실과 함께 가정 내 젠더 권력 구조에 균열을 내는 결정적 계기로 작용하였다. 이러한 사례는 북한 주민들이 여전히 보수적인 성 역할 가치관을 가지고 있음에도(정진경, 2002), 경제적 현실이 그 가치관을 어떻게 흔들 수 있는지를 보여준다. 한편, 30대 초반의 장마당 세대는 더 어린 시절부터 이러한 현실을 체득하며 성장하였다. 2013년에 탈북한 한 여성([사례 13])은 "예전에는 마초적인 남성이 선호되었으나, 배고픈 상황에서 중요한 것은 하루 한 끼라도 굶지 않게 해주는 능력"이라고 회상하였다.

> "예전에는 남자답고, 박력 있는, 남한 말로 '마초' 같은 남자가 인기가 있었을지 몰라요. 북한에서는 이런 남자가 인기였었거든요. 근데 당장 먹고살기 힘든데 남자구실이 무슨 소용이라고요. 생활력 없는 남자하고는 못 살겠다 싶었어요. (재북 시절) 장사하면서 느낀 게, 남자는 믿을 게 없고 내 손으로 벌어야 한다는 거였죠. 돈을 벌 수 있는지가 제일 중요했어요. 사랑도 결국 먹고사는 문제였으니까요. 하루 한 끼라도 굶지 않게 해줄 수 있는 남자, '돈주'처럼 능력 있는 남자가 최고지요. 사랑이요? 배고프면 사랑도 없는 거예요."
>
> – 사례 13 (30대 초반 / 2013년 탈북) –

여기서 '돈주'로 상징되는 경제적 능력은 기존의 전통적 남성성을 대체하는 새로운 기준으로 제시된다(신효숙, 2024). 이는 장마당 세대가 국가와 남성에 대한 의존이 아닌, 생존을 보장하는 실리적 기준을 중심으로 배우자 선택을 재구성했음을 보여준다. 연구에서도 시장화가 북한 청년 세대의 가치관을 실리적 · 개인주의적으로 변화시켰다는 분석이 제시된다(박영균, 2022).

또 다른 30대 초반 여성([사례 15])은 "죽음 앞에서 사랑 타령"이라는 표현으로 당시를 회상했다. 이는 사랑이 불필요했다는 의미가 아니라, 그것을 누릴 최소한의 생존 조건조차 마련되지 않았음을 단적으로 드러낸다. '사랑을 포기했다'라는 고백은 개인적 선택이 아니라, 생존의 논리가 모든 것을 압도한 사회에서 나타난 감정의 유예(suspension of emotion)로 해석할 수 있다(박현선, 2020; Kwon & Chung, 2012). 결국 장마당 세대에게 사랑은 낭만적 이상이 아니라 냉혹한 현실 인식 위에서만 가능했으며, 이는 시장화라는 거대한 사회 변화가 북한 주민들의 가장 내밀한 가치관까지 어떻게 재편했는지를 보여준다.

> "사랑을 포기했잖아. 여자로서의… 사랑? 그런 게 어디 있어요. 에이, 그런 건 신경 안 썼어요. 언제 사랑, 그런 데는 신경 쓸 사이가 없었어요. …(중략)… 죽음 앞에서 사랑 타령하기에는 제 현실이…"
>
> – 사례 15 (30대 초반 / 2013년 탈북) –

이러한 사례들은 장마당 세대의 경험을 세대별 · 연령별로 교차해 보여준다. 40대 초반 참여자의 구술은 남편의 무능력과 폭력으로 인한 가부장제 권위의 붕괴를 보여주며, 30대 초반 참여자들의 증언은 청소년기부터 생존을 최우선 가치로 학습한 세대의 현실주의적 태도를 드러낸다. 이들의 서사는 사랑이 더 이상 낭만적 감정이 아니라 생존을 보장하는 경제적 조건과 분리될 수 없음을 보여주며, 시장화와 경제위기가 북한 사회의 성 역할 규범과 젠더 관계에 미친 복합적 영향을 잘 드러낸다(오유석, 2015; 강동완 · 김범수, 2023).

제2장 도구화된 성 : 타향에서 잃어버린 신뢰

북한을 떠난 여성들에게 탈북 과정과 제3국에서의 체류는 생존을 위한 여정이자, 동시에 '사랑'과 '신뢰'라는 인간관계의 기본 가치가 송두리째 파괴되는 경험이기도 했다. 이 장에서는 여성의 '몸'과 '섹슈얼리티'가 어떻게 생존을 위한 도구이자 착취의 대상이 되었는지를 참여자들의 목소리를 통해 분석하고자 한다. 이들의 서사는 사랑이라는 이름 아래 자행된 폭력이 한 인간의 존엄성을 어떻게 파괴하는지를 보여주는 비극적인 기록이다.

제1절 제3국에서의 생존

탈북 여성들이 제3국에서 겪는 인신매매와 강제결혼은 가장 심각한 인권 유린의 형태 중 하나로 지적된다. 다수의 선행 연구는 탈북 여성들이 체류지에서 인신매매, 폭행, 성적 착취 등 극심한 인권 유린을 경험하며(심영희, 2006; 연성진, 2018; 박영자 외, 2018; 박영자 외, 2021; 이숙영 외, 2016; 임순희, 2014; 손지혜 외, 2021; 김수희, 2001), 이로 인한 신체적 · 정신적 외상을 치유하지 못한 채 살아간다고 분석한다(권금상, 2018; 이영선 외, 2011; 호정화, 2022). 특히 이 과정에서 '결혼'이나 '애정'과 같은 단어들은 여성을 통제하고 착취하기 위한 기만적인 언어로 전락하며(안인해, 2001), 인간관계에 대한 근본적인 불신을 심어주는 기제가 된다. 탈북 여성들이 제3

국에서 경험한 결혼과 친밀한 관계는 종종 '사랑'이라는 언어로 포장되었으나, 실제 맥락 속에서 그것은 강제적이고 거래적인 성격을 띠는 경우가 많았다. 이는 여성들이 감정적 유대를 추구하기보다 생존을 우선시할 수밖에 없었던 구조적 조건을 보여준다(박영자 외, 2018; 이숙영 외, 2016). 다시 말해, 제3국에서의 성(sexuality)은 친밀성이나 욕망을 충족하는 행위가 아니라, 불안정한 상황 속에서 가족과 자신의 생존을 유지하기 위한 수단으로 전락하였다(권금상, 2018; 이영선 외, 2011).

특히 권금상(2018)은 이러한 경험을 단순히 수동적 피해로 한정하지 않고, 여성들이 구조적 제약 속에서 최소한의 생존을 확보하기 위해 선택한 전략적 대응으로 해석한다. 그는 성 서비스 영역에

진입한 탈북 여성들의 사례를 통해, 불법체류 신분과 경제적 취약성으로 인해 합법적 노동시장에 접근할 수 없는 상황에서 여성들이 성적 관계를, 생존을 위한 하나의 경로로 활용하게 된다고 지적한다. 이러한 맥락에서 제3국에서의 '성적 자기 결정권'은 더 이상 자율적 욕망이나 상호 신뢰를 기반으로 한 친밀성의 의미가 없고, 오히려 생존을 담보하는 '위험한 교환 논리'로 전환되는 모습을 보여준다.

1. 강제결혼과 성적 착취

참여자들의 구술에 의하면 탈북 과정에서 여성들은 브로커나 현지인에 의해 자신의 의지와 무관하게 팔려 가는 인신매매의 대상이 되는 경우가 많았다. 여기서 '결혼'은 상호 간의 애정과 합의에 기반한 결합이 아니라, 한 인간의 몸에 대한 소유권을 거래하는 행위이자 성적 자기 결정권을 완전히 박탈하는 폭력으로 기능한다(박영자, 2021). 이는 인간의 존엄성이 말살되고, 여성의 몸에 대한 소유권이 완전히 타인에게 이전되는 극단적인 인권 유린의 형태를 보여준다. 특히 탈북 여성의 제3국 체류 과정에서 나타난 강제결혼과 인신매매는 여성의 성적 자기 결정권을 전면적으로 박탈하는 구조적 폭력이었다. 이러한 측면에서 이는 단순한 개인적 경험이 아닌 구조적 현상으로 이해되어야 한다(안태윤, 2016). 또한 문학적 재현 역시 이러한 폭력을 증언하는데, 강제결혼과 성폭력의 반복은 여성의 존엄성을 근본적으로 침해하는 트라우마적 사건으로 묘사된다(호정화, 2022; 황석영, 2012). 실제 증언 자료는 여성들이 제3국에서 성노예나 강제결혼의 대상으로 전락하여 신체적 · 정신적 주체성을 완전히 잃게 되는 현실을 생생히 보여준다(김수희, 2001).

> **"그때 당시는 여자를 팔고 사고 하느라 조선족 사람들이 날고뛰던 때였는데 제가 거기 걸려든 거죠. 인신매매단에 팔려서 북한에 못 가고, 저는 거기 팔려 갔죠."**
>
> **- 사례 7 (40대 후반 / 1998년 탈북) -**

[사례 7]의 구술은 탈북 여성이 어떻게 '팔고 사는' 상품으로 전락할 수 있는지를 보여준다. '결혼'이라는 최소한의 기만적 언어조차 없이, 참여자는 인신매매의 대상이 되어 자신의 의지와 상관없

이 팔려 갔다. 이는 인간의 존엄성이 말살되고, 몸에 대한 소유권이 완전히 타인에게 넘어가는 인권 유린의 극단적인 형태를 시사한다. 이 과정에서 여성의 몸은 어떠한 자기 결정권도 행사할 수 없는 착취의 대상이 된다(연성진, 2018; 이영선, 2011; 박영자 외, 2018; 박영자 외, 2021).

때로는 생존의 절박함과 인간적인 정(情)에 대한 그리움이 여성을 더욱 취약하게 만들기도 한다. 불안정한 신분과 거처 없는 현실 속에서 '함께 잘살아보자'라는 약속은 유일한 희망처럼 다가올 수 있지만, 이는 종종 더 깊은 착취와 폭력으로 이어지는 기만적인 언어가 되기도 한다.

> "그때는 제가 살 집도 없고, 5살, 6살짜리 딸들이랑 어디 갈 데가 없으니까 할 수 없이 […] 고향에서 같이 알던 사람인데 […] 그럼 우리 잘살아보자, 이런 마음으로 같이 살기 시작했어요. 중국에 있을 때 그렇게 남자가 싫고, 무서웠어도… 시간이 지나니… 나는 그때 (남자) 사람이 그리웠어요. 나한테 마음을 주는 게… 그래서 중국에서 다시 결혼한 거예요. 근데 그 사람이 도박으로 돈 다 날리고, 술 먹고, 들어오는 날은 고함을 지르다가, 나를 때리고…"
>
> – 사례 3 (40대 중반 / 2008년 탈북) –

[사례 3]의 경험은 '사랑'과 '신뢰'에 대한 갈망이 어떻게 착취의 빌미가 될 수 있는지를 보여주는 경우이다. "사람이 그리웠다"라는 고백은 참여자가 원했던 것이 단순한 생존을 넘어 정서적 유대와 안정감이었음을 시사한다. 그러나 '결혼'이라는 이름으로 시작된 관계는 결국 폭력으로 귀결되었다. 이는 '결혼'과 '애정' 담론이 생존이 절박한 여성의 취약성을 이용하여 그녀를 통제하고, 결과적으로 성적 · 정서적 착취를 정당화하는 폭력적인 기제로 작동할 수 있음을 보여준다(임순희, 2014; 호정화, 2022; 황석영, 2012).

한편 일부 탈북 여성들에게 '결혼'은 선택이 아닌 강요된 현실이자, 애정이 아닌 돈벌이 수단으로 변질될 수 있다. [사례 10]의 구술은 브로커의 거짓말에 속아 따라나선 길의 끝에서, 여성의 의지와 무관하게 '결혼'이라는 이름의 인신매매가 이루어진 현상을 보여준다. 이는 '결혼'이라는 단어가 어떻게 인신매매라는 참혹한 현실을 은폐하는 기만적인 언어로 사용될 수 있는지를 보여주는 사례이다.

> "결혼이라 해서 갔는데, 알고 보니 팔려 간 거였어요. 애정이 아니라 돈벌이 수단이었죠. 그때부터 사랑이라는 말이 무섭게 들렸어요."
>
> – 사례 10 (30대 후반 / 2005년 탈북) –

이들에게 '결혼'은 애정과 선택의 결과가 아니라, 브로커의 거짓말과 납치라는 명백한 범죄 행위의 결과였다. 이는 한 인간의 몸과 삶에 대한 결정권을 완전히 박탈하고, 오직 상품으로서의 가치만 남기는 폭력이다. "사랑이라는 말이 무섭게 들렸다"라는 고백은, 이러한 경험이 어떻게 한 개인의 가장 내밀한 감정 체계마저 파괴할 수 있는지를 보여주는 비극적인 증언이다.

2. '생존의 도구'가 된 몸 : 폭력적 관계 속 여성의 경험

제3국에서 맺어진 결합은 애초에 상호 애정이나 자유로운 선택에 기반한 관계가 아니었다. 많은 탈북 여성에게 이러한 결합은 생존을 담보로 강요된 강제결혼의 형태였으며, 이는 곧 폭력적 통제와 착취로 귀결되었다. 불법체류라는 취약한 신분과 외부와의 단절은 여성들을 저항 불가능한 상태로 몰아넣었고, 이들의 몸은 생존을 위한 교환 수단으로 전락하였다(심영희, 2006; 연성진, 2018).

> "그 남자가 말이야 술 마시고, 막 때리더라고. 근데 내 주변에 아무도 없어. 내가 말을 하면, 다들 북에서 온지 눈치챌 거고, 있는 듯 없는 듯 살고 있는데 누구한테 도움을 청하겠어요. 그냥 답답하게… 참고… 맞으면서도 산 거죠. 그래도 이제 아기 아빠니까 […] 괜찮아지겠지, 하고, 잘해보자 했는데 똑같이 술 먹고 때리는 게 반복되고, 물론 내가 원해서 한 결혼은 아니고, 강제로 결혼했

> 지만, 애까지 낳았는데 잠시나마 내 현실은 바뀐 게 없더라고요…"
>
> – 사례 3 (40대 중반 / 2008년 탈북) –

> "남편이라고 불렸지만, 사실은 통제하고 때리는 사람이었어요. 돌봄도, 부부관계도 다 폭력이었고, 사랑은 착취였죠."
>
> – 사례 14 (20대 후반 / 2015년 탈북) –

[사례 3]과 [사례 14]의 구술은 강제된 결혼 관계 속에서 '남편'이 돌봄과 애정의 주체가 아니라 폭력과 통제의 권력자로 자리매김했음을 보여준다. 즉, 부부관계가 평등한 파트너십으로 기능하기보다, 지배와 종속의 위계 속에서 여성의 몸과 삶이 관리되는 구조였다. 그 가운데서도 성적 폭력은 여성들에게 가장 파괴적인 경험이었다. 강제된 관계 속에서 성관계는 더 이상 친밀감의 표현이 아니라, 생존을 위해 감내해야 하는 '노동'이자 '폭력'으로 경험된다. 이러한 극심한 트라우마는 개인이 자기 몸과 감각, 정체성을 스스로와 분리하여 인식하게 만드는 심리적 방어기제를 초래할 수 있다(호정화, 2022).

> "내가 그 사람하고 살아야 되고, 강제로 그 사람하고 자야 되고. 애도 낳아야 되고. [···] 이게 진짜 내가 뭐지. 내가 벌레만도 못하구나··· 진짜 죽어야 되겠다··· 나는 진짜 이런 꼴을 당하고도, 어디에다 신고도 못 하고. 이렇게밖에 살 수 없는가? ··· 그냥 죽어야지 끝나는 건가, 싶었어요."
>
> – 사례 15 (30대 초반 / 2013년 탈북) –

[사례 15]의 고백은 반복된 성적 착취가 어떻게 한 인간의 내면과 존엄성을 근본적으로 파괴하는지를 보여준다. "내가 벌레만

도 못하구나"라는 자기 인식은 여성의 몸이 더 이상 자율적 주체의 일부가 아닌, 타인의 욕망을 충족시키는 도구로 전락했음을 드러낸다. 이는 단순히 개인의 불행이 아니라, 탈북 여성들이 제3국에서 구조적으로 겪어야 했던 인권 유린의 비극적 결과로 해석해야 한다(이영선 외, 2011; 안태윤, 2016). 결국 이들에게 '몸'은 더 이상 자신을 지탱하는 주체가 아니라, 생존을 위해 어쩔 수 없이 내어줘야 하는 고통스러운 도구로 전락한 것이다.

제2절 남한에서의 혼란 — 사랑을 다시 배울 수 있을까?

남한 사회에서 탈북 여성들이 처음 직면하는 문화적 충격 가운데 하나는, 미디어와 일상에서 지속적으로 강조되는 낭만적 사랑의 규범이다. 이 규범은 사랑을 국가적 · 사회적 의무와 분리된, 개인의 자율성과 평등에 기초한 친밀성으로 정의한다. 그러나 이러한 서사는 북한에서 사회화된 성 역할 규범, 그리고 탈북 과정에서의 폭력적 경험과 마주치면서, 여성들에게 단순한 문화 차이가 아닌 심리적 저항과 불신을 촉발하는 장벽으로 작동한다.

제2절에서는 탈북 여성들에게 '사랑'이라는 감정이 단순한 개인적 경험이 아니라, 북한에서의 사회적 학습(learned love), 탈북 과정에서의 폭력적 경험(traumatized love), 그리고 남한 사회에서의 새로운 규범(unfamiliar love)이 충돌하고 교차하는 복합적인 층위를 지

닌다는 점을 분석하고자 한다. 이들의 경험을 통해, 사랑이라는 보편적 감정이 서로 다른 사회 체제와 극단적인 생존의 조건을 거치며 어떻게 다르게 구성되고 갈등하며, 또 재구성될 수 있는지를 탐색하는 것을 목적으로 한다.

1. 낭만적 사랑 담론과의 충돌

북한에서 여성에게 부여된 사랑은 개인적 친밀감보다 국가 충성과 가족 유지를 위한 의무로 규정되었다(Kim, 2014; Ryang, 1998). '헌신하는 어머니'와 '혁명적 동반자'라는 이상적 여성상은 사랑을 국가적 규율의 일부로 위치시켰고, 여성의 성적 자기 결정권을 제한하는 구조로 이어졌다(Human Rights Watch, 2022; 박영자 외, 2021).

이러한 맥락은 배우자 선택 과정에서도 드러난다. 감정적 교류보다 성분 · 출신 · 사회적 조건이 우선되었고, 결혼은 개인적 선택보다 제도적 승인에 따라 성립하는 경우가 많았다(정진경, 2002; Lee, 2005). 이를 반영하듯, 한 참여자는 다음과 같이 증언했다.

> **"북한에서는 제가 선을 봐서 결혼했고, 남한에 와서는 남편을 만나서 같이 살았는데 […] 북한에서는 선을 봐서 이 사람이 어떤 사람인지 잘 모르고 결혼하는 경우가 많아요."**
>
> **- 사례 5 (50대 초반 / 2007년 탈북) -**

[사례 5]의 구술은 북한에서의 결혼이 감정적 선택이 아니라 제도적 승인과 사회적 규범의 산물임을 잘 보여준다. 따라서 남한에

서 '연애 후 결혼'을 전제로 하는 낭만적 사랑 담론은 낯설고 충돌적인 경험으로 다가온다(Cho et al., 2020). 나아가 '고난의 행군'을 거친 장마당 세대는 생존을 최우선시하는 가치관을 내면화하면서, 사랑을 감정적 교류보다 경제적 안정과 직결된 실리적 판단으로 이해하는 경향을 강화했다(Noland & Haggard, 2012; 채경희, 2019). 이로 인해 남한 사회에서 흔히 강조되는 '사랑 우선'의 서사는 낭만적 이상이라기보다 비현실적이고 불안정한 것으로 인식되곤 한다.

> **"여기 와서 남자들을 만나보면 '사랑한다'라는 말을 너무 쉽게 해요. 북한에서는 그런 표현을 거의 안 쓰거든요. 그런데 사랑한다고 하면서 당장 내일 먹을 쌀 걱정은 안 하고… 저는 그게 이해가 안 가요. 사랑도 결국 먹고사는 문제가 해결돼야 할 수 있는 거잖아요. 그런 현실적인 고민 없이 감정만 앞세우는 게 너무 낯설고, 믿음이 안 가요."**
>
> **- 사례 8 (30대 / 2013년 탈북) -**

[사례 8]의 말은 경제적 현실을 고려하지 않는 감정 중심적 접근이 오히려 불신을 자극한다는 점을 보여준다. 결국 탈북 여성들에게 남한의 낭만적 사랑 담론은 개인적 선택의 이상이라기보다, 과거 경험과 긴장하는 문화적 충격으로 나타난다.

2. 친밀성에 대한 갈망과 불신

탈북 여성들이 남한에서 관계를 형성하는 과정에서 보이는 또 다른 특징은 친밀성에 대한 양가적 태도이다. 한편으로는 정서적 지지와 상호성을 갈망하지만, 다른 한편으로는 탈북 과정에서 겪은 강제결혼 · 가정폭력 · 성적 착취가 남긴 트라우마가 깊은 불신을 낳는다. 선행 연구는 제3국 체류 중 경험한 폭력이 남한에서의 관계 맺기에도 직접적인 영향을 미친다고 보고한다(심영희, 2006; 권금상, 2018; 안인해, 2001).

이러한 불신은 실제 서사에서 분명히 드러난다.

> "남한에서는 드라마에서처럼 연애도 하고 평등하게 산다는데, 저는 누굴 믿고 마음을 열어야 할지 모르겠어요. 두려움이 먼저 와요."
>
> – 사례 12 (50대 중반 / 2000년 탈북) –

[사례 12]의 경험은 과거 폭력적 기억이 현재의 관계 맺기에 직접적으로 작동한다는 점을 보여준다. '잘해주겠다'라는 약속이 배신과 폭력으로 귀결되었던 경험은, 친밀한 관계 자체를 잠재적 위협으로 재인식하게 만든다(호정화, 2022). 또한 친밀성에 대한 욕망과 회피가 동시에 나타나는 경우도 있다.

> "남한에 와서 사실혼으로 그 남자 아들까지 맡아 기르면서 고생이란 고생은 다 했는데 (그 남자가) 마약 한다는 소리를 들으니까 이제 더 이상 따뜻하게 품어주고 할 게 못 된다는 생각이 들었어요. […] 이제 사람이 무섭고, 누군가를 쉽게 믿기 어려워지는 거죠."
>
> – 사례 3 (40대 중반 / 2008년 탈북) –

> "한편으로는 새로운 사랑을 하고 싶지만, 또다시 배신당할까 봐 겁이 나요. 새로운 사랑이 치유일 수도 있지만 또다시 반복될지 모르는 위협이기도 해요. 차

라리 일하면서 혼자 사는 게 더 편해요."

- 사례 11 (40대 후반 / 2006년 탈북) -

[사례 3]과 [사례 11]에서 드러나는 경험은 탈북 여성들이 친밀한 관계를 대하는 태도가 단순히 수용이나 회피로 나뉘지 않고, 신뢰를 원하는 마음과 배신에 대한 두려움이 동시에 작동하는 복잡한 양상을 지니고 있음을 보여준다. 이들은 새로운 관계를 통해 정서적 지지와 치유를 기대하지만, 과거의 폭력적 경험은 언제든 동일한 상처가 반복될 수 있다는 불안을 불러일으킨다. 이러한 양가적 감정은 개인의 성향에 기인하기보다는 제도적 불안정, 경제적 취약성, 그리고 사회적 낙인이라는 구조적 조건과 밀접하게 연관된다(박영자 외, 2021; 한인영 외, 2010). 따라서 남한 사회에서 탈북 여성들이 직면하는 낭만적 사랑의 담론은 단순한 문화 적응의 문제가 아니라, 신뢰를 재구성할 수 있는 제도적 기반과 사회적 지원이 마련되어야 비로소 현실적 가능성이 있다. 이 과정에서 사랑은 단일한 의미로 경험되지 않는다. 북한에서 '의무적 헌신'으로 학습된 사랑, 탈북 과정에서 폭력과 착취로 각인된 사랑, 그리고 남한에서 새롭게 마주한 낯선 낭만적 사랑이 서로 충돌하면서, 이들은 사랑을 끊임없이 협상하고 다시 정의하는 과정을 거치게 된다(Cho et al., 2020; Sigley, 2021; 김택빈, 2023).

제3장 사랑의 재구성 : 새로운 관계를 꿈꾸며

공간, 곧 개인의 삶이 펼쳐지는 배경이 가진 특징은 궁극적으로 개인에게도 큰 영향을 줄 수밖에 없다. 개인이 가진 사고(思考), 입장, 개념, 행위 등이 공간이 부여하는 관습적 지시 속에서 자연스러운 변화에 놓이게 되기 때문이다. 이와 같은 논의는 인간과 공간의 끊임없는 상호작용 등을 이야기하는 '공간 사회학'에서도 찾아볼 수 있다(Martina Löw, 2020). 그가 포괄하는 내용은 공간이 인간의 사회적 행위나 제도 등에 지속적으로 영향을 받으며 그에 따라 정지해 있지 않고 매번 재구성되는 대상일 뿐만 아니라, 한 개인 역시 공간의 변동성에 영향을 줄 수 있는 존재가 됨을 조명한다. 다시 말해 공간은 개인에게, 개인은 공간에 그 형성과 성립에 있어 유의미한 영향을 준다는 것이다.

분단된 한반도의 휴전선 이북 지역에서 나고 자란 그들은 각자가 가진 어떠한 상황과 그로부터 발현된 명분에 기반하여 고향을 떠나왔다. 이러한 모습은 태어날 장소는 마음대로 정하지 못했지만, 자신이 살아갈 장소는 스스로 정하겠다는, 혹은 정할 수 있다는 의지의 발로였다. 이는 그들을 떠나도록 한 공간의 특성에 따른 것이었고 또한, 그들이 기존의 터전을 떠남으로써 그 공간의 양태를 변화하게 만든 중요한 사건이었다. 그리고 그들의 정착은 새로운 삶의 터전이 가진 양태 역시 기존과는 다른 모습으로 변화하게 하는 일에 일조하였다. 이와 함께 그들의 사고와 입장, 개념과 행위 역시 과거와는 다르게 전환될 수밖에 없었다. 이는 새로운 공간에 적응하는 과정에서 자연스럽게 맞이한 일종의 '진화'로도 해석할 수 있다. 여성으로서 자신에게 맡겨진 역할 역시 다른 형태로 주조된 것이었으며, 새로운 환경에서 새로운 인생을 열어간 이들에게 있어 '사랑'이라는 단어 역시 재정의 되는 과정을 거치게 된 모습이었다.

1. 자기 주체로서의 회복

그들이 새로운 공간에서 새로운 삶을 시작하며 느끼게 된 변화는 자신이 삶의 주도자임을 깨닫는 과정에서 발견된다. 이전에 살던 공간에서 남성에게 종속된, 다시 말해 남편이나 가장에게 종속되어 객체로서의 삶을 살았던 때와 다른 입장에서 자신의 삶을 객관적으로 조망하게 된 것이었다. 이와 같은 변화는 불합리한 관계나 평등하지 않은 관계 등에 대해서 이전과는 달리 불만을 토로하거나 피력하는 모습으로 나타났다. "자신(나)의 감정을 말할 수 있게 되었다"라고 입을 모은 그들은 '서로 사랑하는 관계'에 대해서도 명확한 평가와 판단을 할 수 있을 뿐만 아니라, 그를 상대에게 직접적인 방식으로 발화(發話)할 수 있는 용기를 체득하게 되었다.

> "결국 입남 후에 북한 남자와 결혼했는데, (그 남자가) 옛 사고방식이 그대로라서 또다시 힘들었어요. 사랑이란 게 결국 어디서든 현실적인 제약에 부딪히더라고요."
>
> – 사례 6 (40대 초반 / 2004년 탈북) –

'익숙함'을 전제로 '안정감'의 확보를 위해 동향 사람과 결혼한 연구 참여자는 여전히 가부장적인 모습을 보이는 남편에 대해 분명하게 평가했다. 물론, 이와 같은 판단은 이전에 살던 곳에서도 이루어졌던 바였다. 그러나 개인이 마주한 현상에 대한 그와 같은 정의가 외부의 당사자에게, 곧 현상을 일으킨 주체에게 직접적으로 전달한 것은 이전과 다른 모습이었다. 자신의 감정을 정확하게 드러낸 부분이었다. 이는 폐쇄적인 사회에서 개방적인 사회로, 가부장적인 사회에서 여성권과 모권(母權) 역시 존중받고 보호받는 현대의 한국 사회에 살면서 채택된 삶의 방식으로 볼 수 있었다.

이와 함께 "사랑을 선택할 수 있다"라는 차원의 진술도 발견할 수 있었다. 외로움이라는 감정에서 오는 아쉬움, 의지할 대상의 부재에서 오는 어려움 등은 여전했지만 그것의 해소를 도모하는 마음은 분명히 달라진 것이었다.

> **"혼자 입원했을 때 물 한 컵 떠줄 사람이 없다는 게 제일 서러웠어요. 그래서 남자 친구와 지내지만, 외로움 때문에 찾은 거지, 믿음 때문은 아니에요."**
>
> **- 사례 6 (40대 초반 / 2004년 탈북) -**

[사례 6]의 증언에서도 확인할 수 있듯이 그가 사랑을 매개로 타인과 어떠한 관계를 형성한 이유는 종속되기 위함이 아니었다. 그는 이 관계의 형성에 있어 자신의 만족을 우선으로 고려했다. 어떤 시점에 이르면 응당 가정을 이루고 가정의 머리가 되는 가장(남편)을 돕는 배필이 되어야 한다는 이전의 고정관념과는 대비되는 것이었다. 오늘의 그에게 연애(사랑)는 부족에 대한 갈망을 채우기

위한 행보였으며, 결혼 역시 때가 되면 하는 것이 아닌, 믿음을 전제로 한 결속이었다.

결혼에 대한 그들의 생각이 달라졌음은 다른 진술에서도 확인할 수 있었다. '결혼은 현실'이라는 인식은 대한민국에서 태어나 자란 이들에게도 확인할 수 있는 부분으로 조사된 바가 있다(김연수, 2025). 다시 말해 결혼이 오히려 불안정을 가져오는 기제라면 관습에 가까운 그와 같은 길을 선택하지 않을 수도 있다는 견해가 우리 시대에 존재한다는 것이었다. 삶이 펼쳐지는 공간적 배경을 변경한 이들에게도 그와 같은 입장은 동일하게 적용되는 것이었다.

> **"지금은 아예 연애나 결혼에서 낭만을 기대하기보다, 누가 내 생존에 도움이 될 수 있을지 현실적으로 따지게 돼요."**
>
> **- 사례 14 (20대 후반 / 2015년 탈북) -**

결혼은 낭만이 아닌 '생존'이라는 진술은 그들이 가정의 탄생에 대해 새로운 입장을 견지하게 됨을 보여준다. 일가를 이루는 과정에 있어 그것은 더 이상 필수적인 일이 아니며 나의 생존에 도움이 되어야 함은 물론, 궁극적으로는 자신에게 유익이 발생해야 한다는 이야기였다. 이는 결혼에 대한 우리 사회의 인식과 궤를 같이하는 진술로 북한 지역을 고향으로 둔 이들이 이 사회에 빠르게 적응하였음을 보여주는 현상으로도 볼 수 있다.

2. 관계 속 성 역할의 재협상

한반도 북부 지역에서 나고 자란 이들에게 있어 기존에 체득했던 관행은 어김없이 재조정될 수밖에 없었다. 새로운 삶의 터전에서 당연한 것, 다시 말해 이전의 기준에 의한 관습은 여지없이 해체되었다.

> "남한에 와서 연애를 해보니까 다 계산적이에요. 더치페이라는 게 있어서 처음엔 충격이었어요. 북한에서는 남자가 다 내는 게 당연했거든요. 그래서 맨 처음에 남한에서 남자 친구를 사귀었을 때, 이 남자가 나를 안 좋아하는 건가? 그렇게 생각했어요. 사랑이 낭만이라기보다 경제적 거래처럼 느껴졌어요."
>
> \- 사례 15 (30대 초반 / 2013년 탈북) -

이와 같은 사례는 이 외의 연구나 간담회, 대화 등에서도 빈번하게 식별된 부분이었다. 남성이 태어날 때부터 부여받은 자신의 권리를 최대한으로 주장할 수 있었던 대신, 그들에게는 책임이라는 단어가 언제나 부여되었다. 북한 사회에서 남성은 아버지 혹은 남편으로서 '가장'의 역할을 부여받았다. 물론, 북한 체제의 견고성이 확연하게 떨어지면서 장마당이라는 새로운 공간이 등장하였고 그와 함께 새로운 세대가 등장함에 따라 기존의 관념이 무너지는 현상도 있음이 보고되기도 한다. 그러나 오랜 시간 동안 쌓여온 '당연함'은 그곳에서 살아온 이들의 심연을 완전하게 바꾸지는 못했던 것으로 보였다. [사례 15]의 진술처럼 각자의 선택을 각자가 계산하는 '더치페이'라는 프로토콜은 일견 이해하기 어려운 일일 수도 있었다. 남한 사회의 평등 규범은 그들에게 있어 수용해야 할 것이었지만 한편으로는 거부반응이 나타날 수밖에 없는 일이었다. 이 과정에서 상대에 대한 의심이나 오해가 분출되었음도 당연한 부분이었다.

이와 같은 경험들은 그들이 기존에 가진 성 역할에도 일정한 조정을 종용한 부분이었다. 다시 말해 그에 대한 재해석이 이뤄질 수 있도록 하는 기제로 작동하였으며 그는 결혼에 대한 그들의 인식이 변화하는 것에도 영향을 주었다.

> **"지금은 아예 혼자 사는 것도 괜찮다고 생각해요. 남들은 결혼하라고 하지만, 남한에서 생활해 보니 결혼보다는 돈만 있으면 된다. 이런 생각이 더 강해졌어요."**
>
> **- 사례 1 (50대 초반 / 2011년 탈북) -**

북한 사회에서 여성이 결혼한다는 것은, 그가 영위하는 삶이 그 가정에 의해 정해짐을 의미하며 그 양태는 가장의 사회적 지위나 축적한 재산 수준에 따라 변화하는 종속변수에 가깝다. 이러한 분석은 북한 여성의 사회 진출 정도와도 연결돼 있다. 김정은이 집권한 이후에도 북한 체제가 여성에게 부여한 의무는 '헌신'으로 귀결된다(김충렬, 2013). 따라서 북한에서 여성의 결혼은 자신이 아닌 타인을 위한 선택에 가깝다. 그러나 새로운 사회에서 그들의 선택은 타인이 아닌 자신에게 맞춰지는 모습을 관찰할 수 있었다. [사례 1]에서 확인할 수 있는 것처럼, 새로운 삶의 터전에서 새로운 삶을 영위하고 있는 이들은 개인의 경제력이 충분하다면 결혼을 꼭 하지 않아도 무관하다는 인식을 갖게 된 것이다. 여성은 가정을 이뤄야 하고 그 가정에서 국가와 사회의 발전을 위해 헌신해야 한다는 명제는 어느덧 개인의 행복과 유익이라는 새로운 방향으로 수렴하고 있었다.

3. 몸의 주체성과 섹슈얼리티

고향을 떠나온 이후 그들에게 남겨진 것은 자신이 가진 몸, 그 하나뿐이었다. 이동을 위해 필요한 최소한의 물품들 외에는 모든 자산을 두고 와야 하는 혈혈단신(孑孑單身) 그 자체였다. '꿈에 그리던' 대한민국에 입국해서도 마찬가지였다. 정부에서 제공한 여러 가지가 있기는 하였으나 새로운 곳에서 새로운 사회에 적응하는 일은 또 다른 문제였다. 고향을 떠나온 이들은 그 과정에서 자기 자신을 믿을 수밖에 없었다. 이러한 다짐은 이성과 교제하는 과정에서도 또한, 결혼을 한 이후에도 이어지는 삶의 자세로 굳어졌다.

> "남한에 와서 결혼했지만, 결국 또다시 혼자가 된 기분이었어요. 기대할 수 있는 믿음이나 동반자라는 느낌보다는, 내가 모든 걸 책임져야 한다는 압박이 더 컸어요."
>
> – 사례 5 (50대 초반 / 2007년 탈북) –

> "더 이상은 남자한테 의지하고 기대는 게 아니라, 독립적인 여성으로 당당하게 살고 싶었어요. 그래서 주민증을 따내고 일도 열심히 했죠. 하지만 누군가를 믿고 기대는 건 여전히 쉽지 않아요."
>
> – 사례 7 (40대 후반 / 1998년 탈북) –

이제 그들은 이전과는 다른 생각을 하며 다르게 살아가고 있는 것으로 보였다. 여성으로서 이들은 이전에 살던 공간에서 주체적인 자세를 견지하기가 어려웠다. 사회적 분위기, 그 사회의 강요, 그가 설정해 놓은 관습적 기준 등이 그들에게 불리한 요소로 작용했기 때문이었다. 그러나 이제 그들은 새로운 배경에서 그 영역을 살아가는 개별적인 주체로서 자신을 자각하기 시작했다. 주체(Juche idea)를 강조했던 집단에서 주체적이지 못했던 그들은 여성으로서, 또한 하나의 독립된 인격체로서 자신을 자각하게 되었으며 주체(Agent)의 진정한 의미를 이해하고 이를 실천하는 개별적 존재자로 거듭나는 과정에 기거하고 있었다. 물론 그 상황 가운데서 책임감이라는 새로운 역할을 부여받았지만, 이는 '상처와 불신'이라는 단어로 표상되는 관계, 그리고 '헌신의 강요'라는 질서를 극복하는 새로운 선 넘기로 귀결되고 있는 것이었다.

‖ Reference

강동완 & 김범수. (2023). 북한 '장마당 세대'의 고난의 행군 시기에 관한 인식과 신념 체계의 변화. 한국과 국제사회, 7(4), 861-889.

권금상. (2018). 성 서비스 영역에 참여한 탈북 여성의 경합과 생존 전략. 현대북한연구, 21(3), 162-203.

권금상. (2025). '고난의 행군' 시기 장마당의 성 규범과 실천. 통일인문학, 101, 151-183. https://doi.org/10.21185/jhu.2025.3.101.151

김경희, 강은애 & 손명아. (2016). 김정은 집권 이후 북한의 국가 가부장제의 재생산에 관한 연구. 아시아여성 연구, 55(1), 131-164.

김석향 & 권혜진. (2009). 고난의 행군기 이후 북한당국의 여성 담론 분석. 통일정책연구, 18(2), 153-185.

김수희. (2001). 탈북자 수기 : 열아홉에 성 노리개가 된 탈북 여성의 수난기/ "나도 여자예요, 내가 북한 여자란 걸 저주해요" 북한, 78-94.

김연수. (2025). 청년은 왜 결혼을 기피하는가? : 불안정한 사회에서 결혼의 의미와 그 대체에 관한 연구(석사학위논문). 서울대학교 대학원.

김충렬. (2013). 김정은 체제에서의 북한 여성의 정치적 위상에 관한 연구. 한국동북아논총, 67권, 261-280.

김택빈. (2023). 북한의 젊은 세대 내 이질성에 관한 연구 : 개인주의, 자본주의, 남한, 남한 중심의 통일에 대한 인식을 중심으로. 현대북한연구, 26(2), 171-210.

마티나 뢰브. 장유진 역. (2020). 공간 사회학 - 물질성, 구조, 행위의 상호작용. 제르미날.

박경숙. (2012). 북한 사회의 국가, 가부장제, 여성의 관계에 대한 시론. 사회와 이론, 327-375.

박영균. (2022). 남북의 가치충돌 양상에 대한 예측적 연구 2 : 사회공동체. 통일인문학, 89, 47-79.

박영자, 김수경, 현인애 & 황의정. (2018). 북한의 주민 일탈과 법적 대응 (KINU 연구총서 18-09). 통일연구원.

박영자, 이금순, 최지영, 김화순, 조영주 & 현인애. (2021). 북한의 성 · 재생산 건강과 권리 I : 여성과 섹슈얼리티 (KINU 연구총서 21-19). 통일연구원.

박현선. (2020). 내가 만난 북한 여성. 여성과 평화, (6), 167-172.

손명아. (2024). 탈북 청년의 미래 전망과 사회적 관계의 재구성 (박사학위논문). 서울대학교 대학원.

설진배 & 송은희. (2018). 탈북민의 양성평등 의식과 정책적 시사점. 한국동북아논총, 23(2), 71-92.

손지혜, 배고은, 한기덕 & 윤인진. (2021). 완경기 탈북 여성의 건강관리 실태에 관한 탐색적 연구. 통일과 평화, 13(2), 375-432.

심영희. (2006). 북한 여성의 인권 : 실태와 요인. 아시아여성연구, 45(2), 151-194.

안인해. (2001). 김정일 체제의 경제와 여성. 한국정치학회보, 35(2), 225-240.

안태윤. (2016). 전후 북한 여성의 삶과 탈북의 전략적 선택. 여성과 역사, 24, 187-219.

오유석. (2015). 북한의 시장화와 여성. 한반도 포커스, 30, 9-16.

이미경. (2006). 탈북 여성과의 심층 면접을 통해서 본 경제난 이후 북한 여성의 지위 변화 전망. 가족과 문화, 18(1), 33-55.

이숙영, 이동혁, 조해연, 김경미 & 김효정. (2016). 북한이탈여성의 외상 후 성장에 관한 질적연구 : 중국 체류 시 결혼 경험이 있는 사례를 중심으로. 한국심리학회지 : 상담 및 심리치료, 28(4),

1073-1102.
이영선, 구혜완 & 한인영. (2011). 학술논문분석을 통해 본 북한이탈주민 여성의 특수성. 통일문제연구, 23(2), 147-194.
임순희. (2014). 북한 여성의 삶 : 공식 지향과 삶의 실제. 젠더리뷰, 32, 64-70.
임인숙 & 윤인진. (2008). 북한 이주민의 성 역할 태도와 부부 권력의 변화와 지속. 가족과 문화, 20(3), 99-126.
정진경. (2002). 북한 사람들의 성 역할 특성과 가치관 : 탈북자 자료. 한국심리학회지 : 일반, 21(2), 163-177.
조영주. (2018). 북한 여성 연구의 여성주의적 확장 가능성. 여성학논집, 35(1), 3-37.
조정아, 이지순 & 이희영. (2019). 북한 여성의 일상생활과 젠더정치. 통일연구원.
채경희. (2019). 북한 장마당 세대의 의식 특성 비교 연구. 한국산학기술학회 논문지, 20(1), 313-322.
최규빈, 박환보 & 이요한. (2021). 북한의 사회 불평등 연구 : 건강 및 교육 불평등과 인권 (KINU 연구총서 21-02). 통일연구원.
통일부. (2024). 북한 경제 · 사회 실태 인식보고서 : 탈북민 6,351명이 알려준 북한의 실상. 통일부.
연성진. (2018). 북한이탈주민 탈북 과정에서의 인신매매 범죄 피해 실태에 관한 탐색적 연구. 형사정책연구원 연구총서.
이미경. (2006). 탈북 여성과의 심층 면접을 통해서 본 경제난 이후 북한 여성의 지위 변화 전망. 가족과 문화, 18(1), 33-55.
한인영, 구현자 & 오선경. (2010). 북한이탈여성의 성 지식 실태 연구. 한국심리학회지 : 여성, 15(1), 87-102.
호정화. (2022). 탈북 여성의 트라우마와 치유 : 황석영의 『바리데기』를 중심으로. 독서치료 연구, 14(1), 73-99.
황석영. (2012). 바리데기. 창비.

Cho, J., Yee, J. S., & Yi, H. Y. (2020). Daily lives of North Korean women and gender politics (Study Series 20-03). Korea Institute for National Unification.

Human Rights Watch. (2022, December 21). Submission on rights of women and girls in North Korea for the Special Rapporteur's report to the 52nd Human Rights Council Session in March 2023. https://www.hrw.org/news/2022/12/21/submission-rights-women-and-girls-north-korea-special-rapporteurs-report-52nd-human

Kim, S. (2014). Marriage, family, and sexuality in North Korea. In E. Micollier (Ed.), Routledge handbook of sexuality studies in East Asia (pp. 112-123). Routledge.

Kim, S. (2014). Mothers and maidens : Gendered formation of revolutionary heroes in North Korea. Journal of Korean Studies, 19(2), 257-289.

Kwon, H., & Chung, B. H. (2012). North Korea : Beyond charismatic politics. Rowman & Littlefield Publishers.

Lee, M. K. (2005). The issue of North Korean women by examining gender awareness of female defectors. The Korean Journal of International Studies, 3(1), 155-178.

Noland, M., & Haggard, S. M. (2012). Gender in transition : The case of North Korea. Peterson Institute for International Economics Working Paper, (12-11).

Ryang, S. (1998). Nationalist inclusion or emancipatory identity? North Korean women in Japan. Women's Studies International Forum, 21(6), 581-597. Pergamon.

Sigley, A. (2021). Love of the lover, love of the leader : Youth romance in North Korean fiction. In R. Frank, J. Hoare, & P. Hayes (Eds.), Routledge handbook of contemporary North Korea (pp. 213-225). Routledge.

전주람

제2부

(북한 출신자들의
증언으로 살펴보는)

성 역할 내러티브

제1장 북한 출신 여성들의 성 역할에 대한 자유로운 담론

얼굴 화장과 문화적 관점 : 북한 사회의 인식 변화

참 2 : 음, 저희도 화장이라는 개념은 알고 있었어요. 사실 특별히 새로운 건 아니죠. 다 그렇게 하고 있었으니까요.

참 4 : 아뇨, 좀 달라요. 립스틱 같은 경우엔 사실 정해진 틀에 딱 맞춰서 발라야 한다는 규정이 없거든요. 저희는 중국이랑 가까워서 그런지 친구들끼리 서로 예쁘면 '와, 예쁘다!' 이렇게 솔직하게 말해주고 그랬어요.

참 2 : 그렇긴 하죠. 근데 **너무 빨갛게 바르면 상식적으로 사람들이 쳐다보거든요.** 그리고 그런 식으로 너무 진하게 바르는 게 예의에 어긋난다고 생각하는 시선도 있었고요.

참 4 : 맞아요, 꼭 **'쥐 잡아먹었냐?'라는 소리를 듣죠. '천하게 발랐네' '천박하다.'** 이런 말도 들리고요. 저희는 좀 '아련하게' 바르는 걸 좋아했어요. 한국말로 하면 '연하게' 바른다고 할까요?

전 : 그럼, 북한에서는 지금도 그런 편인가요? 혹시 알고 계시나요?

참 1 : 요즘은 화장에 대해서 그렇게까지 크게 말이 나오는 것 같지는 않아요. **중국풍이나 한국풍을 따라가는 경향**이 있다고들 하더라고요.

참 4 : 저희 어렸을 때도 멋쟁이 애들, 유행에 민감한 친구들은 빨갛게 립스틱 바르고 구두도 이렇게 높게 신고 다니곤 했어요. 정말 멋을 부렸죠. 그러면 남자들이 호감을 보이고 쫓아다니고 그랬거든요. 물론 어르신들은

‘저 간나 새끼(계집애) 저거 쥐 잡아먹었겠네’ 하고 혀를 차셨지만요. 저도 그렇게 하고 다녔었어요.

참 2 : 약간 불량하게 보는 시선은 있었던 거죠?

참 4 : 네, ‘애가 좀 상태가 안 좋다.’ ‘왜 저러고 다니냐?’**라**는 말을 들었죠.

참 1 : 그런 화장 자체가 ‘날라리’를 타파해야 하는 대상이었으니까요! **‘날라리 타파!’**였죠.

람 : 그럼, 예쁘다고 하는 화장은 어떤 스타일이었나요?

참 1 : 연하게 바르는 거요. 여기 한국말로 하자면 **‘자연스럽게’ 안 한 것 같은 화장**이라고 할 수 있죠.

참 4 : 그게요, 나이 차이, 즉 **세대 차이**가 있어요. 저희처럼 국경 연선에 살았고, 저희 같은 세대는 중국이라는, 어떻게 보면 자본주의 문화를 많이 접할 수 있는 환경이었잖아요. 한국 드라마도 많이 보고요. 그러니까 그걸 보고 저희가 또 따라 하는 거죠.

전 : 그럼, 지역에 따라서도, 연령에 따라서도 좀 다른 것 같네요.

참 4 : 네. 어른들은 고정관념이 있어서, 예를 들어 ‘저 간나 새끼랑 다니지 말라’**라**고 하셨죠. 남자들이 쫓아다니니까 행실이 곱지 않다고 본 거예요.

참 2 : 맞아요, **행실이 안 곱다**고 하셨어요.

참 4 : 좀 튀고 그러다 보니 남자들이 호감을 보이는 거잖아요? 그걸 안 좋게 본 거죠.

전 : 우리나라에서는 ‘개성이다.’ ‘예쁘다.’ 이렇게 말할 수도 있잖아요?

참 1 : 북한에서는 **‘부끄러운 줄도 모르고’ ‘되바라졌다’라**고 했죠.

얼굴 화장 : 남한에 와서 바뀐 점은 무엇인가요?

참 1 : 화장 방식 자체가 정말 많이 바뀌었어요. 제가 북한에서 학교를 졸업하기 전에는 어머니 세대들이 주로 화장하셨는데, 그때는 '삐아스'라는 게 흔치 않았고, **분 화장 위주로** 했었거든요.

전 : 삐아스가 뭔가요?

참 1 : 파운데이션이요! 그때는 스킨로션 바르고 분 화장만 했어요. 비비크림 같은 건 없었고요. 저희 어머니 시절에는 그 분이 참 좋았어요. **인삼 향이 나고, 장미 향 분**도 있었고요.

참 2 : 맞아요, 인삼 향은 지금도 참 좋은 것 같아요. 평양 인삼 크림, 그거 진짜 좋아했거든요!

참 4 : 맞아요, 초록색 통에 담아서 팔던 거 기억난다!

참 1 : 예전에는 상점에서 그걸 샀었는데, 굉장히 비쌌어요. 웬만한 사람들은 못 샀죠. 저희 어렸을 때 부모님 월급이 많아야 100원 정도였고, 보통 30원, 40원, 50원 그랬거든요. 그런데 그 분이 하나에 50전이었으니, 당시 물가로는 엄청 고가였죠. 아무나 살 수 있는 게 아니었어요. 93년도부터는 저희가 지금 쓰는 비비크림 같은 게 나오기 시작했고요. 학교 다닐 때 엄마 거 몰래 훔쳐서 발랐었죠(모두 웃음). 화장 정말 하고 싶었어요. 립스틱도 지금은 돌려서 쓰는 형태로 나오지만, 옛날에는 이렇게 납작하게 생겨서 뚜껑 열고 손으로 찍어 발랐어요. **여기 립밤처럼, 한방에서 파는 연고같이 생겼었죠. 눈썹도 그린다고 산처럼 이렇게 진하게 그려놓고** 다녔어요.

참 2 : 아, 일본 화장품 SK-II 있잖아요? 그거랑 비슷해요! 얼굴에 바르면 차분해지는 느낌이 똑같아요.

북한에서 '여자다움'이란?

참 1 : '단정하고'라고 할 수 있죠.

참 4 : **'조용한 여자' '차분하고'** 그런 이미지입니다.

전 : '단정하다'**라**는 건 구체적으로 어떤 특징을 말하는 건가요?

참 1 : 조용조용하고 말도 가볍게 하는, 다소곳한 여성을 뜻합니다. 그러니까 완전히 **'조선시대 여자' 같은 느낌**이죠. 할머니, 할아버지들은 그런 분을 두고 '맏며느릿감이다'라고 말씀하시곤 합니다.

전 : 지금도 그런 경향이 있나요?

참 3 : 외모는 '여리여리한' 사람을 선호합니다.

전 : 뚱뚱한 것이 부의 상징이라고 들었는데요?

참 4 : 그건 사람마다 차이가 있습니다. 어르신들은 좀 푸근해 보이는 인상을 좋아하세요. 맏며느리 같은 스타일을 좋아하시죠.

참 1 : 네, **통통한 것을 좋아하시죠.** (모두 공감)

참 1 : 정리하자면 통통하고, 다소곳하며, 기본적으로 '말이 없는 사람'이 여성스럽다고 여겨집니다. 여자는 일단 '입이 무거워야 한다'**라**고들 말합니다.

시댁에서 여성의 위치

참 1 : 결혼을 하고 보니, 특히 사촌 언니들의 경우를 보았을 때 그러했습니다. 결혼식 날에는 신혼여행 자체가 없지 않았습니까. 시댁에 들어가서 첫날 밤을 치르는 것이었습니다. 지금은 멀리 가는 신혼여행보다는 가까운 곳에서 구경하는 경우도 있다고 합니다. 시집의 뒷방에 잠자리를 마련해주는데, 잠에서 깨어나면 즉시 밥을 하는 곳에 가서 함께 도와야 했습니다. 최소한 일정 기간은 그렇게 해야만 했습니다. 그런데 여성들은 결혼 전까지 부모님이 차려주시는 밥을 먹고 자랐기 때문에, 갑자기 새벽 5시에 일어나 일을 하려고 하면 굉장히 힘들어하는 경우가 많았습니다. 하다못해 쌀이라도 씻는 등 부엌일을 거들어야 했습니다. 시어머니 중에는 오히려 거추장스럽다며 '들어가라, 들어가라' 하시는 댁도 있었습니다. 그러나 며느리 입장에서는 마냥 들어가 누워 있을 수만은 없으니, **결국 내려와 부엌일을 돕게 되는 것이죠. 여성들이 밥을 준비할 때 남성들은 잠자리에 드는 경우**가 많았습니다.

참 3 : 남성들은 부엌일을 격이 떨어지는 일로 여겨 아예 참여하지 않았습니다.

전 : 우리나라의 옛날 모습과 유사하네요. 비양성평등적이군요.

참 4 : 더 말할 것도 없죠. 대부분 **남존여비 사상**이 강합니다.

참 1 : 구조 자체가 어쩔 수 없는 면도 있었습니다. 남성들은 아침 7시면 직장에 나가 일을 해야 했습니다.

전 : 그럼, 여성들은 일하지 않았나요?

참 1 : 여성들도 부양의 의무가 있습니다만, 집안일이 더 많다는 것을 잘 모르는 경우가 많았습니다.

전 : 가사 노동을 노동으로 취급하지 않았다는 말씀이죠? 지금은 어떤지 들어보신 적 있으십니까?

(모두 맞다고 동의)

참 1 : 저희가 여기(남한)에 오기 전까지는 **여성들이 무조건 장마당에 나가 돈을 벌어 생계를 꾸려야** 했습니다.

참 4 : 그 장마당 세대가 생겨난 이후부터 의식적으로 좀 바뀐 것 같습니다. 아내가 돈을 버니까 의식이 있는 남성들은 집에서 빨래를 다 하는 등 집안일을 도왔습니다. 심지어 팬티까지 다 빨아주는 남성도 있었습니다. **여성들이 돈을 벌어오기 때문이죠. 그러나 의식 전환이 되지 못한 남성들은 아내가 바깥에서 잘 되는 것 같으니 오히려 아내의 일에 태클**을 걸기도 했습니다. 여성들이 나가서 일하는데도 남성이 집안일을 돕지 않으면, 여성들이 남성을 좋게 보지 않게 되지 않습니까.

전 : 시어머니에게 할 말을 하는 편인가요?

참 2 : 못 합니다. 큰일 날 일이죠.

(모두 한 번도 시어머니에게 할 말을 못 해 봤다고 동의)

참 1 : 말하는 여성들도 있었겠지만, 저는 못 했습니다.

참 4 : 분위기상 못 합니다. 그래도 시어머니의 성향을 파악하고 나면 간혹 **조심스럽게 말씀드리는 경우는 있을 수** 있을까요?

참 4 : 지금(젊은 세대)은 할 말을 하는 여성들도 있겠죠.

참 2 : 저는 여전히 못 할 것 같습니다.

북한에서 '남자답다'라는 의미

참 4 : **'상남자'**에 가깝습니다!

참 1 : '나쁜 남자' 같은 느낌이기도 하죠.

참 4 : (배우) 김보성 씨 같은 스타일입니다!

참 2 : 외모는 무조건 통통해야 합니다. **마른 것은 절대로 선호되지 않습니다.** 절대로요!

참 4 : 배짱이 있어야 합니다. **무조건 통통하고 살집이 있는 것이 부의 기준**입니다!

전 : 남한에서는 뚱뚱하면 '비만'이라고 표현하기도 하는데요.

참 1 : 보통 저희는 다 마른 편입니다. 그런데 어렸을 때 통통하게 생겼으면 **'복 있게 생겼다'라**고 말하곤 합니다.

참 4 : '부지 좋다'**라**고 표현합니다. (여기서 '부지'는 엉덩이를 뜻합니다) 즉, 엉덩이가 크다는 말이지요. 저는 개인적으로 그 말이 듣기 싫었습니다. 일반적으로 '부지'**라**고 말하며, 이는 '푸짐하다'라는 의미를 담고 있습니다.

중매와 동거에 대한 견해

전 : 북한에서는 흔히 말하는 '소개팅'을 무엇이라고 부르나요?

(중매)

전 : '중매'가 이루어지면 여성들은 외부에 그 사실을 많이 알리지 않는 편인가요?

참 1 : 중매는 보통 부모님들이 주선하는 것이 일반적입니다. 자녀들이 직접 나가서 만나기도 하지만, 우선 부모님들끼리 '우리 집 아들과 저 집 딸이 잘 어울리겠다' 하시면서 중매를 서주십니다. 그 후에 자녀들에게 이 사실을 알리고, 만나고 싶은지 의향을 물어 동의하면 만남을 주선하는 방식이죠.

전 : 다음으로 '동거'에 대해 어떻게 생각하시는지 궁금합니다. 혼전 성관계와도 연관된 민감한 주제인데요.

참 1 : 저는 동거를 긍정적으로 생각합니다.

참 2 : 최근에는 '큰일'이나 '별거 아닌 일'처럼 받아들여지는 것 같습니다. 동거에 대해 '좋다'**라**고 보는 쪽과 그렇지 않은 쪽으로 의견이 나뉘기도 합니다.

참 3 : 북한에서의 **동거는 개념이 남한과는 다릅니다.** 북한에서는 **'결혼의 전제조건'으로 동거**하는 경우가 많습니다. 서로 좋아하지만, 결혼식을 치를 수 없는 경제적 상황이거나, 부모님의 반대가 있을 때 동거를 선택하는 것이죠. 남한에서처럼 서로를 알아가는 과정으로 동거하는 것과는 의미가 다르다고 할 수 있습니다.

참 1 : 북한에서 젊은이들끼리 서로가 좋다고 해도 부모님이 반대하면 둘이 그냥 같이 살기 시작하는 경우도 있습니다.

참 2 : 그러니까 경제적인 이유나 부모님의 반대가 있을 때, 동거하는 경우가 많다는 의미입니다.

참 1 : 또한 북한은 주택 구조가 집들이 다닥다닥 붙어 있어서, **누가 새로 들어와 함께 살기 시작하면 이웃들이 금세 알아챕니다.** 여기(남한)처럼 옆집에 누가 사는지도 모르는 경우가 아니죠. 그래서 동거 자체가 쉽지 않은 환경이기도 합니다.

참 4 : 대중적으로는 동거를 좋지 않은 시선으로 보는 경향이 강하고, 그런 이야기를 하는 것조차 쑥스러워합니다.

굽 높이 : 미의 상징이자 문화적 현상

참 1 : 저의 언니는 저와 나이 차이가 있었고 빨리 결혼했습니다. 막내 사촌 언니와 저는 나이 차이가 그리 심하지 않았는데, 7살 차이밖에 나지 않았습니다. 이모 댁에 가면 힐이 여러 켤레 있었습니다. 제가 중학교 13살 때였는데, 언니 신발을 맨날 신고 돌아다녔습니다. 큰 신발이 작은 발에 들어가니 삐끗삐끗했던 기억이 납니다.

참 4 : **여성들은 다 힐을 신고 싶어 합니다. 그것은 미의 상징**이거든요.

참 3 : **출근할 때 굽 높은 신발을 신었다가 현장에 가서 다른 신발로 갈아 신곤** 했습니다.

참 2 : 굽의 높고 낮음의 차이는 있지만, 여성들은 하이힐을 신어야 한다는 어떤 개념이 있는 것 같습니다.

참 1 : 힐을 신으면 예쁘지 않습니까?

참 2 : 아닐 겁니다. 예뻐서가 아니라, **저희는 공장 출근할 때도 무조건 비닐 신**

발처럼 생긴 굽 있는 신발을 신었습니다. 그게 한 3~4센티미터 정도 되는 것이거든요. '비닐 신'이라고 불렀습니다. 높은 것은 7센티미터였고, 7센티미터는 보통 신는 정도였습니다. 키가 작고 크고는 상관없이, 무조건 하이힐을 신었지요.

전 : 그렇게 신으라고 배운 것인가요?

참 (모두) : 유행처럼 따라가는 것입니다.

참 3 : 학생 교복 신발에도 여성들은 굽이 있었습니다. 2~3센티미터 정도요. 중학교 때부터 그렇게 신었죠. **'비닐 신'**이 3센티미터였습니다. (비닐로 만든 구두처럼 보여서 비닐 신이라고 불렀습니다. 에나멜 같은 재질입니다.)

참 1 : 그거 신을 때 좋았습니다. 불편하지도 않았고요. **운동화는 남성 신발이었고, '편리화'는 여성 신발**입니다. 편리화는 천으로 만든 것으로, 편하다고 해서 편리화입니다. 천으로 만든 기능성 신발이라고 생각하시면 됩니다. 예쁘게 디자인되어 있습니다. 고무신처럼 생겼는데 천으로 되어 있고, **밑창은 생고무입니다. '신의주 신발'이 아주 유명**했습니다.

참 4 : 함흥이나 청진, 평양 같은 대도시에 가면 멋쟁이들은 해외에서 들어온 고급스러운 하이힐을 신고 다녔습니다. 멋쟁이들끼리 통하는 암묵적인 자랑거리 같은 것이 있었죠. '이거 외화 상점에서 샀다'**라**는 식의 이야기들이요. 여기(남한) 사람들이 백화점에 가서 명품을 사는 것과 똑같은 심리라고 보시면 됩니다.

성(性)에 관해, 요즘 북에서 들리는 거 있어요?

참 1 : 13살 애들이 첫 키스 했다고 그러더라고요.

참 4 : 13살 엄청 빠른 거죠. (북에서 혼전 성관계에 관한 질문) 제 기준으로 많진 않아요. 봉건적이어서 대놓고 하는 걸 쑥스러워해요. 저는 아빠가 너무 엄해 가지고 몰래도 못 했어요. 연애를 늦게 해서 좀 아쉬움은 있어요.

참 1 : 있어요. 우리 졸업할 즘 되면 조용한 애들은 그런데 좀 나대는 애들은 할 거 다 해요. 지네끼리 만나서 연애하고. 그게 들키냐 안 들키냐가 문제죠. 14~15살 되면 지네끼리 벌써 짝이 다 갈라져 나가요. 눈치 다 까는 거지.

참 3 : 몰래몰래 다 해요.

참 3 : 엄마가 어디 장사 가고 없으면 집에서 해요.

참 2 : 난 중학교 때 그 생각이 나. 우린 여중 남중이 따로 있었어요. 후에 혼합했어요. 그때 남자가 **'사' 자 쓰고, 여자가 '랑' 자 쓰고. 그게 소문이 난 거예요. 혈서를 손수건에** 쓴 거예요. 비판대 한다고 난리 났어.

(아기 출산한 주변인 이야기- 참여자 1)

참 1 : 애가 배가 이렇게 나와서 알았어요. 부모도 몰랐고, 선생도 몰랐고 17살. 애를 낳는다고 하더라고요.

참 4 : **성교육이 없어서** 그래요. 전혀 없어요.

참 3 : 여자 생리주기 이런 거만 있어요. 피임 이런 거 전혀 없어요. 콘돔 안 배워줘요. **장마당에 콘돔 없어요. 지금은 있을 거예요.**

참 1 : **루프 하는 거 자체도 몰랐는데요, 뭐. 피임약 알지도 못해요.**

참 2 : 전혀 몰라요. **배란기도 몰라요. 무지해요. 손만 잡으면 임신인 줄** 알아요.

참 4 : 저 20살까지 그렇게 알았어요.

참 2 : 여학생 실습 있어요. **천 쪼가리로 주머니 만드는 수업에서. 위생한다, 생리한다, 달거리**라고도 해요.

참 4 : 완전 무방비 상태죠.

참 3 : 무방비 상태인 거에 비하면 사건 사고가 없는 거예요.

참 4 : 특히 여자들은 몸을 함부로 하는 거 아니다.

참 2 : 그런 단점 한 번만 있으면 완전히 찍혀요. 앞길이 막힌다 그래요.

참 4 : **그래도 낙태해요. 개인이 다 해요. 집에서 해요.** 무산에서는 집에서 해요. 친구, 제가 같이 가줬어요. 군인 놈의 새끼가 진짜. 이놈 새끼가 안 와 가지고 개새끼 오면 죽여버린다, 했는데…

참 2 : 남자들이 군사복무 10년 하잖아요. 결혼은 못 하고 애 낳고 제대해서 딴 여자랑 결혼하고 불량한 새끼들이 많아요.

참 3 : 들은 얘기인데. 어떤 여자가 루프를 했어요. 처녀가. 그러니까 **처녀가 왜 루프를 하냐, 그래서 총살당했다는 그런 소문 들었어요.**

참 4 : 그러니까 여자는 결혼 전까지 무조건 정조를 지켜야 하는… 그런 거네요.

참 1 : 그래도 결혼했는데, 다음날 애 낳고 혼전 임신들이 있었다는 거죠.

속옷

참 1 : 속옷 무조건 흰색 아니면 **연한 하늘색** 있어요. **비치지 않는.**

참 3 : 거긴 **컵 없고 꽉 조여 매요. 옛날식** 면이에요. 와이어 없이 꽉 조여 매요. 납작하게 만들어야 돼요.

참 2 : 가슴이 좀 푹 나오게 드러나면 애 엄마 같다 그래요.

참 4 : 나 창피해 가지고 이러고 다녔어. 커지니까 창피해서 허리를 움츠리게 돼요. 여긴 당당하잖아요. 어릴 때 사춘기 때. 조여 매고 납작하게.

참 2 : **볼륨 있는 거 이상하게 봐요.** 어른들. 아줌마들처럼 가슴이 크다. 좀 그래요. 좋은 눈길은 아니에요.

참 1 : 그 여자는 허약했어요. 사귀는 거마다 퇴짜 맞는 거예요. 남자들이 이 여자 가슴이 없는 거예요. 말라 가지고 약하니까. 엉덩이도 없고. 뒤에서 보면 남자 같아요. 결국은 애 낳고 살아요.

람 : 여기 란제리 숍 예쁜 거 많잖아요.

참 3 : 이만갑에서 그러잖아요. 여자 속옷 마네킹에 입혀놓은 거 보고 막 뭐라 했다고 하잖아요.

(람 : 마트에서 젊은 커플이 남자가 아기 안고 가는 거 보고 놀랐다고 북한 출신 여성이 얘기해줬던 경험)

참 1 : 전 봤어요. 청진에 밑에 궤도가 없고 전기로 가는 버스가 있어요. 잘 안 다니니까 줄 길게 서요. 여자가 애기 업고 타려면 힘들거든요. 그게 제가 15살쯤 본 건데 너무 신기했어요. 엄마, 엄마 저거 봐! 저희 엄마가 어? 그러네, 그러더라고요. **처음에 안기더라고요. 남자가 애를 안은 모습.**

참 2 : 여기는 남자가 애 보는 거 응당한 걸로 생각하잖아요. 거긴 아직 그 정도

까지는 아니에요. 지금도 그 정도 아니에요. 애 낳아 기르는 거 여자 일이다, 그러죠. 애 안 낳는 사람들 거기도 있어요.

참 1 : 그래서 북한에 한때 4명 이상 낳으면 나라에서 키워준다 그랬어요. 2002년도 즈음이에요. 먹고살기도 힘드니까.

남한에 들어오면서 변한 부분 있는가?

참 2 : 길 가다가 손 잡는 거 진짜 이상한 행동이거든요. 근데 이제 받아들여져요. 팔짱 끼고 이런 거요. 근데 이제 이상하지 않아요.

참 3 : 지하철에서 젊은 애들이 스킨십 하잖아요. 이게 문화구나. 그냥 받아들여져요. 공공장소에서 키스는 좀 그렇지. 간단하게 뽀뽀식으로 하는 거 그런 건 괜찮아요.

참 4 : 그런 건 그냥 귀엽죠. 북에서는 상상 못 하죠.

참 1 : 난 그런 거 보면 부러워요. 난 뭐 했지?

참 4 : 저는 10년 넘게 살다 보니까 팔짱 끼는 거 익숙해요. 북에서는 몸을 움츠렸다면, **가끔 분위기 타고 싶을 때 몸이 드러나는 옷도 입고 그래요. 북에서는 주춤하게 되죠.** 이제는 완전히 자유로워졌어요.

참 3 : 젊은 애들 청 반바지 입고 다니는 거 보면 되게 야해 보이고 그랬어요. 한번 제가 입어보니까 너무 좋은 거예요. **시원하고 좋은 거지. 일단 편하고. 핫팬츠. 거기서는 청바지 못 입게 해요. 규찰대가.**

참 2 : 청바지가 좋은 거는 여름에도 들러붙지 않고 시원하데~ 머리도 규정에 따라 자르라고 하고.

참 4 : 매니큐어 바르고, 귀 뚫고 다녀도 규찰대가 단속해요. 여자들은 자전거도 못 타고 다녔어요. 규찰대에 한 번 걸렸어요. 하지 말라고 그래요.

참 3 : **여자 바지 입고 다니면 단속돼요. 무조건 치마.**

참 2 : 브라 안 한 여자들도 통제했어요. 나름 자기네 기준에 맞춰 가지고. 아기 엄마들 모유 수유해야 하니까 안 해요. 옛날에 길거리에서는 하고 다니라고 그랬어. 집 안에서는 괜찮은데. 외국인들 누구 올 때. 체코, 독일에서 많이 왔어요. 그때 단속 심했어요.

꽃

참 1 : 청진 쪽으로 해서 등소평 이런 거 많이 왔어요. 블라디보스토크에서도 오고. 그럼 꼭 청진을 지나갔어요. 해바라기 들고 맨날 이렇게 흔들고. 구역까지 나눠서 강압적이에요. **꽃 흔드는 게 구역이 지정돼요.** 부채꽃이라 했어요. 조화예요. 손잡이가 있어요. 딱 쳐들면 부채처럼 예쁘게 되어 있어요. 무조건 해야 하는 거예요.

참 2 : 우리나라 깨끗하다. 멋있게 보여야 하는 거예요.

참 1 : 위생 문화 달이 있어요. 봄철 3, 4월. 벽도 밑에 딱 선 받쳐서 토색 칠하고. 그때는 무조건 해야 하니까. 자기 집만 안 하면 남들 하얀색 자기 집 회색이잖아요.

참 2 : 방문단이 왔는데 앞에만 하얗고 뒤에 시커먼 거예요. 앞뒤가 다른 거예요. 왜 여기는 앞에만 깨끗하냐고 하니까. 왜 당신은 앞에만 넥타이 매냐고? 유엔에서 왔을 때. 보여주는 게 중요해요. 뒤편에는 잘 안된 거예요.

지금 와서 북한 정책을 보면?

답답하고,

속상하고,

속았구나!

억울해요.

너무 갇혀 가지고 세상을 못 보게.

인터넷도 안 되는 나라.

제2장 북한 출신 남성들의 성 역할에 대한 자유로운 담론

전 : 저희 자기소개 먼저 해볼까요?

박 : 안녕하십니까. 박O이라고 합니다. 저는 현재 21살입니다. 대학교에 재학 중이나 휴학을 한 상태입니다. 한국에 온 지는 이제 8년에서 9년 정도 되어갑니다. 2014년에 한국으로 왔습니다.

전 : 2014년에 입남하셨군요. 시간이 꽤 흘렀습니다. 지금 전공은 무엇인지도 간단히 소개해 주시겠어요?

박 : A 대학교에서 건축학을 전공하고 있습니다.

전 : 만나 뵙게 되어 반갑습니다. 여기 계신 선생님들과는 세대 차이가 다소 있을 수 있습니다. 어떤 분들께는 아드님뻘이 되실 수도 있겠습니다. 성 역할이라는 주제에 관해 여러 세대가 함께 이야기를 나누어 보면 좋을 것 같아 이렇게 모시게 되었습니다. 그럼, 옆에 계신 분께 소개를 부탁드려도 될까요?

강 : 저는 강OO입니다. 한국에 온 지는 약 20년이 다 되어갑니다.

전 : 그러게요. 정말 오래되셨습니다.

강 : 현재 고등학교에서 청소 업무를 담당하고 있습니다.

전 : 학교 정리 일을 하신다고 하셨죠. 강OO 선생님께서는 지난번 다른 연구 인터뷰에서 뵙게 되었습니다. 그때 선생님께서 누구의 간섭도 받지 않고 자유롭게 정리하시는 것이 적성에 잘 맞는다고 말씀하셨던 기억이 납니다. 나름대로 업무에 큰 만족감을 느끼시며 임하시는 것 같다는 인상을 받았습니다.

강 : 네, 다시 만나 뵙게 되어 저 역시 반갑습니다. 그럼, 이제 김OO 선생님께 마이크를 넘겨도 될까요?

김 : 저는 이미 여러 차례 소개를 드린 바 있는데요?

전 : 네, 물론입니다. 그렇지만 오늘 박O은 선생님께서는 김 선생님을 처음 만나 뵙는 것이니, 다시 한번 간략하게 소개 말씀을 해주시면 감사하겠습니다.

김 : 네. 저는 2004년에 [한국에] 왔습니다. 그저 봉사하고 있을 따름입니다. 그것이 저의 취미이자 직분입니다.

전 : 네, 김OO 선생님께서는 정말 많은 봉사를 하고 계십니다. 언젠가 신문에 나오실 정도로 봉사에 대한 열정이 대단하십니다. 표창도 여러 차례 받으신 것으로 알고 있습니다. 사실 봉사하는 일이 절대 쉽지만은 않은 것 같습니다. 쉬워 보여도 막상 해보면 참 어려운 부분들이 많죠. 헌혈도 선생님께서 126번 정도 하신 것으로 기억합니다만?

김 : 헌혈은 156번 했습니다.

표 : 표OO이라고 합니다. 저는 2002년 12월에 한국에 와서, 이제 20년이 다 되어갑니다. 이곳 한국에 와서도 꾸준히 열심히 살아왔으며, 현재도 변함없이 노력하며 살고 있습니다. 이처럼 살아가다 보니, 세상에는 혼자서 해결할 수 있는 일이 많지 않다는 것을 깨닫게 됩니다.

전 : 네, 저 역시 전적으로 동감합니다.

표 : 이처럼 북한 연구를 위해 호주에서 오신 분께서도 이 자리에 함께해 주시니, 진심으로 고맙습니다. 앞으로도 꾸준히 열심히 살아가겠습니다. 이상입니다.

전 : 네, 반갑습니다. 선생님들께서 해주신 말씀은 저희 연구진에게도 큰 도움이 되며, 이처럼 북한 사회에 관심을 가지고 계신 해외 연구자분들께도 소중한 자료가 되고 있습니다. 오늘 저희와 함께하는 연구자분은 한영 번역가이십니다. 호주 멜버른에 위치한 A 대학교에서 한국어를 전공하셨으며, 몇 가지 연구를 위해 한국을 방문하셨습니다. 저희의 북한 연구 수행을 위해 소속 대학에서 지원을 해주셨다고 합니다. 이곳에 약 2주 정도 머무르신 후 다시 호주로 돌아가실 예정입니다.

모두 : 반갑습니다.

전 : 자, 그럼, 본론으로 들어가서 오늘 저희가 나눌 주제는 '성 역할'입니다. 저희 친정아버지께서 1949년생이거든요. 연세로는 75세입니다. 아버지는 상당히 가부장적인 분이셨던 것 같고, 지금도 그러한 면모가 있으십니다. 예를 들어, 이렇게 앉아서 이야기하다가 물이 필요할 때, 주방이 아들에게 더 가까워도 항상 딸인 저에게 물을 떠 오라고 말씀하셨습니다. 그때마다 저는 '왜 저에게 요청하실까?' '식당은 아드님이 더 가까운데도 말입니다'와 같은 다양한 생각을 하곤 했습니다. 딸로서 약간의 불만도 있었습니다. 물론 그 당시의 문화였기에 이해는 하면서도 그랬습니다. 제가 연구 자료를 접하거나 몇몇 탈북민분들께 들은 바로는, 북한 사회가 한국보다 더 가부장적이라는 이야기를 종종 접하였습니다. 북한은 어떠한지 궁금합니다. 북한 사회에 대해 조금 이야기를 나누어 주시면 좋겠습니다. 우선 북한에서 어떻게 생활하셨는지 말씀해 주십시오. 가사 분담은 어떻게 이루어졌으며, 성 역할과 관련하여 어떠한 경험을 하셨는지도 듣고 싶습니다. 좀 더 구체적으로 질문드린다면, **식사 준비, 세탁, 청소와 같은 가사는 어떻게 분담하셨는지** 자세히 설명해 주시면 고맙겠습니다.

표 : 북한의 사회 체계가 가부장적인 관계를 형성할 수밖에 없는 부분이 있습니다. 일단 그곳에서는 '세대주'라고 부르지 않습니까. 이는 세대의 주인을 의미하는 것인데, 가족 구성원에게 물품이 공급될 때 이 세대주를 중심으로 이루어집니다. 만약 세대주가 직장 생활을 제대로 하지 못하면 본인뿐만 아니라 가족 전체의 식량 공급이 중단될 수 있습니다.

김 : 그렇습니다. 배급할 때는 말이죠.

표 : 그러한 이유로 아버지의 권한이 상당히 강하게 작용하는 것입니다. 남녀 관계에 있어서는 솔직히 말씀드리자면, 저희 세대만 하더라도 **남자분들이 두세 명 정도 앞서 지나가면 그 앞에서 여성들이 걸어가지 못하는 분위기**였습니다.

전 : 아, 그러하였군요. 그 말씀하신 시기는 대략 몇 년대 정도였을까요?

표 : 1970년대에서 1980년대 무렵의 시기였습니다.

전 : 물론 우리나라도 1970년대와 1980년대에는 가부장적인 모습이 있었습니다만, 남성 앞에서 걸어가지 못하는 정도는 아니었던 것으로 기억합니다.

표 : 여성분들은 그러하였습니다. 남성들이 우선시되다 보니 여성들이 앞으로 지나가면 욕설을 듣는 경우가 있었습니다.

전 : 도저히 상상하기 어려운 일이로군요.

강 : 그렇기에 여성은 뒤에 가야만 했습니다. 함께 걸을 때도 여성은 항상 뒤에서 걸어야 하는 것이었습니다. 길거리를 걸을 때에도 늘 남성의 뒤를 따랐습니다.

표 : 아, 그리고 남성이 이야기하는 중에는 여성이 말할 수 없었습니다.

전 : 아, 말씀도 못 드리고요. 그렇다면 제가 경험했던 것처럼 아버지가 제게 물을 가져오라고 말씀하실 때, '제가 왜 물을 가져다드려야 할까요?'라고 여쭙는다면, 통상적으로 어떠한 상황이 발생했을까요?

표 : 하하. 상상조차 할 수 없는 일이지요. 북한도 솔직히 마찬가지입니다. 저도 이곳에 와서야 딸이 얼마나 귀한 존재인지 깨달았습니다. 저희도 북한에서는 딸에 대해서는 그리 깊이 생각하지 않았습니다. **자녀들이 학교에 다닐 때, 아들의 담임 선생님을 댁으로 초대하여 식사를 대접하기도 하였지만, 딸에게는 아예 신경도 쓰지 않았던 것**이 사실입니다. 어찌 보면 한국의 1960년대쯤 될까요. 한국의 1960년대가 북한의 1970년대와 비슷한 시기라고 보시면 될 것 같습니다.

전 : 저는 1990년대에 학교를 다녔는데, 그때도 이곳에는 아들 중심적인 가정이 많았던 것으로 기억합니다.

표 : 그렇습니다. 그런데 북한에서는 겉으로는 남녀평등이라고 이야기하곤 합니다.

전 : 아, 맞습니다. 책에도 그렇게 기술되어 있는 것을 보았습니다.

김 : 관련 노래도 있습니다. **"여자는 꽃"이라는 곡도 있고요. 그리고 여성은 마치 한쪽 수레바퀴와 같다**는 표현도 있습니다. 수레바퀴가 두 개라면, 나머

지 한쪽은 남자를 의미하는 것이죠.

전 : 아, 그렇군요.

표 : 그러니까 겉으로는 (남녀가) 동등하다고 이야기하지만, 일반적으로는 여성이 항상 뒤처져 있는 상황입니다.

전 : 그러니까 그러한 원칙이나 사회적으로 언급되는 내용과 실제는 다르다는 말씀이군요.

강 : 그렇습니다. **운전기사분들이 아침에 차를 운행할 때를 예로 들자면, 만약 여성분이 그 앞으로 지나가게 되면, 그날은 일이 잘 풀리지 않는다고** 여겼다고 합니다. 심지어 여성분을 비난하였다고 합니다.

전 : 네? 왜 그러한가요?

강 : **재수가 없다고 생각하는 것입니다. 단지 여성을 보았다는 이유 때문**입니다.

전 : 아, 여성이 앞서 나아갔기 때문이라는 말씀이군요. 참으로 상상하기 어려운 이야기입니다.

표 : 그곳은 기본적으로 모든 것이 남성 위주로 되어 있습니다. **어떠한 일을 앞두고 여성이 앞으로 나서게 되면, "오늘 하루 기분이 더럽네, 정말 재수 없네"**와 같이 생각하는 경우가 많았던 것입니다.

전 : 아, 그러하였군요. 그렇다면 북한에서 또 어떤 일화가 있었는지 궁금합니다.

강 : 아침에 다리를 저는 분을 보게 되면 불운하다고 여기기도 하였습니다.

전 : 아, 그렇다면 장애인에 대한 인식이 그러하였군요.

표 : 특히 여성 장애인의 경우에는 더욱 그랬습니다.

박 : 하지만 1990년대 이후부터는 상황이 완전히 변화하였습니다. **북한에서 여성들이 교육을 제대로 받지 못하였잖습니까. 그런데 그 이후로 완전히 바뀌게** 되었습니다. 여성들이 돈을 벌기 시작하면서, **남성들은 집에서 '집을 지키는 개'**에 비유되기도 하였습니다.

전 : 장마당 생기고 나서요? 여성들이 돈 벌면서 경제력이 생기니까 그 위치가 바뀌는 거였을까요?

강 : 당연하였습니다.

강 : 남성들은 역할이 없어졌습니다. 이것이 완전히 변화하여, 배급이 원활하지 못하게 되면서 공장과 기업소들이 모두 정상적으로 운영되지 못하게 되자 출근을 하지 못하였습니다. 북한 사회라는 것이 말입니다, 한마디로 인간이 살아가면서 기본적인 의식주 문제가 해결되어야 하는데, 그곳에서는 그 부분이 해결되지 못하였습니다. 그렇기에 어려움이 컸던 것입니다.

전 : 그렇군요. 박O 님께서는 어떠셨는지요?

박 : 제가 이렇게 말씀드려도 괜찮을지 모르겠습니다만, 저는 아주 어렸을 때, 11살 때 한국에 왔습니다. 그러다 보니 가치관 형성이 제대로 되지 않았던 시기였습니다. 인권이라는 개념조차 생각할 수 없었던 때였습니다. 그럼에도 불구하고 지난 시간을 돌이켜 생각해 본다면, 제가 지냈던 시절에도

사실 한국과 견주어 보았을 때 인권 수준은 여전히 낮았다고 생각합니다. 현재 시점에서도 제가 판단하기로는 한국과 비교해 보면 여전히 낮은 편에 속한다고 보입니다.

전 : 그렇군요. 그렇다면 박O 님께서 어리셨을 때였지만, 당시 가사 분담은 어떠하였나요? 주변 분들이나 부모님께서는 보통 어떠하셨는지요?

박 : 음, 어떻게 말씀드려야 할지 모르겠습니다만. 일단 무조건 남아 선호 사상이 우선시되었습니다. 예를 들어, 학교에서 어떠한 행사가 있을 때, 어머님들께서는 남자아이를 먼저 챙기셨습니다. **체육대회를 한다면 아들의 도시락을 먼저 준비**하고, 그 이후에 딸의 도시락을 준비하는 식이었습니다.

전 : 2014년에 오셨으니 2000년대 이후의 이야기이군요.

박 : 네, 그것이 일단 기본적인 배경으로 존재합니다. 그리고 그러한 **문화는 순식간에 급격히 변화하지는 않는다는 느낌**입니다.

전 : 그러하였군요. 그렇다면 식사를 준비할 때도 아들에게 먼저 대접하고 그랬겠군요. 아들의 식사를 먼저 챙겨주고 딸에게 주는 방식이었습니까?

박 : 그러한 방식입니다. **물론 노골적으로 드러내지는 않지만, 미묘하게 그러한 경향이 계속 존재**합니다.

전 : 이곳 역시 여성의 위치가 변화하였다고는 하나, 여전히 오래된 가부장적인 문화가 존재하기에 오랜 시간 동안 여전히 남아 있지 않습니까. 그렇다면 박O 님께서는 아드님이셨지 않습니까. 아들이라서 좋았던 부분이 있었을까요?

박 : 저는 솔직히 말씀드리자면, (아들이라서) 좋았다는 것을 깨닫기 전에 이미 이곳에 오게 된 상황인 것 같습니다.

전 : 그렇다면 이곳에 오셔서 생활하시면서 (성 역할과 관련하여) 어떠한 점이 어색하게 느껴진 부분이 있으셨는지요?

박 : 저는 그저 신기하였습니다. 우선 환경적인 측면에서, (이전에 지냈던 곳에서는) 건물이 높았기 때문에 전력 공급이 원활하지 않았습니다. 그런데 이

곳에서는 전기가 끊임없이 24시간 공급되었기에, 그저 신기할 따름이었습니다. 남성과 여성의 역할과 같은 것보다는, 건물이나 그러한 환경이 가장 먼저 눈에 들어왔습니다.

전 : 아, 그러하였군요. 아주 어린 나이에 북한에서 한국으로 와서 자세한 기억은 나지 않으실 수도 있겠습니다. 그렇다면 다른 선생님들께서는 한국에 입국하신 연도는 모두 다르시겠지만, 이곳에 오셨을 때 남녀평등이나 성 역할과 관련하여 '이러한 부분은 다소 적절치 않다'라고 생각하셨던 점이 혹시 있으셨는지요?

강 : 아, 도저히 납득되지 않았습니다. **여성이 남성에게 이처럼 험한 말을 하는 것을 보고, '와, 저것은 저는 도저히 상상할 수 없었는데…'라고 생각**하였습니다. 전혀 예상하지 못했습니다.

전 : 그러하였군요. 여성이 남성에게 언성을 높이는 상황은 경우마다 다를 수 있겠습니다만. 다른 분께서는 어떠하신지요?

표 : 이곳을 보면, 여성분들이 남성을 너무 하찮게 여기는 듯한 경향이 있습니다. 다소 막 대하는 모습도 보입니다.

전 : 아, 그러니까 여성이 남성을 하찮게 여기는 것이라고 이해하면 될까요? 남성으로서, 가장으로서의 위치를 인정해 주지 않는다는 말씀인지요?

표 : 그렇습니다. 인정을 해주지 않는 것이죠. **'이러한 것이 사회적인 흐름'이라고 하면서 남성을 인정하지 않는 것**입니다. 그러다 보면 생각이 들게 됩니다. 이곳에서는 자신의 부족한 점이나 잘못된 점을 인정하지 않으려 합니다. 북한에서는 절대로 인정하지 않을 수 없습니다. 그곳에서는 무조건 인정하고 받아들여야 하지요. 주 1회 모여 '생활총화'라고 불리는 시간을 갖기도 합니다. 다소 지루함을 느끼곤 했습니다. 그런데 이곳에서는 남녀를 떠나, 지금까지 살아오면서 보면 회사에서도 자기 잘못을 인정하지 않는 경우가 많습니다. 본인에게 조금이라도 피해나 불이익이 발생한다면 절대로 인정하지 않으려 하는 것이지요. 저의 개인적인 생각으로는 이러한 점은 다소 잘못된 것이라고 여겨집니다. 서로의 잘못된 점을 바로잡는 것이

야말로 진정한 발전이 아닌가 생각합니다.

전 : 아, 그렇군요. 구체적으로 조금이라도 불이익이 올 때 인정을 하지 않는다는 것이 어떤 예시가 있을까요? 이해가 쉽지 않아서요.

표 : 저는 현재 경비원으로 근무하고 있습니다. 주변 정리를 위해 풀을 제거하지 않습니까. 그러면 저희 근무일지에 '나는 풀, 잡초를 제거하였다'라고 기재합니다. 그런데 제가 보기에 어떤 분은 한두 포기 정도만 제거하고도 일을 다 했다고 이야기하는 경우가 있습니다. 그러한 일은 북한에서는 결코 있을 수 없는 일입니다. 그것은 그저 지나가면서도 할 수 있는 정도의 일이지요. 이러한 것을 볼 때면 이곳이 자본주의 사회가 맞다는 생각이 들곤 합니다. 하지만 그러한 점이 한편으로는 제가 해결할 수 있는 문제는 아니지 않습니까.

전 : 그러한 부분은 남북 간에 왜 차이가 난다고 생각하십니까?

표 : **배가 고프다면 그러지 않을 것입니다. 이곳이 살기 좋아서 그렇습니다.**

김 : **그저 편하기 때문**이지요.

표 : 어떤 면에서는 머리가 지나치게 발달한 듯합니다. 머리가 말입니다.

강 : 바람직하지 못한 방향으로 발달한 것이지요. 이번에도 뉴스 보셨습니까? 보험금을 노려 남편을 살해한 여성이 있었습니다. 어떻게 자기 남편을 해할 수 있는지… 돈에 집착하다 보니 돈밖에 보이지 않는 것입니다. 보험금을 받기 위해 남편을 죽이다니요. 참으로 답답합니다.

표 : 그런데 결론적으로 말씀드리자면, 인간이 살아가는 세상은 장단점이 모두 존재하더군요. 캐나다와 태국 등 여러 곳을 방문해 보니, 인간 세상은 장단점이 모두 있다고 할 수 있겠습니다.

강 : 정말로 여기 한국은 제가 정신을 바짝 차리지 않으면 살아가기 어려운 곳입니다. 사람들을 서로 속이는 일들이 빈번하기 때문입니다.

전 : 그렇습니다만, 북한 사회에도 서로를 속이는 그러한 일들은 존재하지 않습니까? 모든 사회에는 그러한 사람들이 있지 않겠습니까?

강 : 그 정도까지는 아닙니다. **한국만큼 냉정하지는 않습니다.**

표 : 그렇게까지 말씀드릴 일인가 하는 생각도 듭니다만, 새벽에는 **손이 새카매질 때까지 도로를 손으로 쓸기도** 합니다. 솔직히 김정일이 저희에게 해준 것이 무엇인지 생각하면, 이것은 잘못된 것이지요. 그러한 생각도 듭니다. 일을 시키는 것을 당연하게 생각하는 곳은 정말 상상하기 어려울 것입니다.

전 : 아, 도로를 손으로 직접…

표 : 그러니까 **북한 사람들은 게으름을 피우고 그러는 일이 없습니다.**

전 : 그렇다면 어떻게 보면 그곳에서는 옆 사람이 감시자의 역할을 하는 것이겠군요? 생활의 모든 면에서 말입니다.

표 : 맞습니다. 생활총화를 할 때, 어떻게 해서든 저 사람이 잘못한 것을 끄집어내어 비판하고 그러지요.

전 : 만약 비판을 하지 않는다면 어떻게 되는지요?

표 : (비판을) 하지 않으면 하지 않는다고 또 질책받습니다. 꾸짖음을 듣게 되지요.

전 : 그렇군요. 또 궁금한 점이 있는데, 비판의 내용 중에서 혹시 기억나시는 것이 있으신가요?

표 : 하지만 사실은 사전에 조율합니다. '당신이 이러한 내용을 가지고 저를 비판해 주십시오. 그러면 저는 당신을 이러이러한 내용으로 비판하겠습니다'라며 이야기를 만들어내는 것이지요. 딱히 비판할 내용이 없으니 그러합니다. 생활총화를 할 때면 모두 이렇게 모여서 **'이제부터 주민 생활총화를 시작하겠습니다'**라고 합니다. 그렇게 시작하여 처음에는 'OO께서 이렇게 말씀하셨습니다'와 같은 내용이 무조건 들어가야 합니다. 김일성 교시를 먼저 언급하고, 그다음 주체사상의 10대 원칙에 비추어 자신의 생활 습관은 이러하다고 이야기합니다. 그 후에 '호상 비판은 누구에게 하겠습니다'라고 밝히고, '장군님께서 이렇게 말씀하시는데 저 동지는 그렇게 하지

않았습니다, 잘못했습니다' 혹은 '이렇게 하였습니다'와 같은 내용으로 진행됩니다.

전 : 다소 무섭게 들립니다만?

표 : 아니요, 무섭지는 않습니다. 오히려 재미있습니다. (모두 웃음) 매일같이 반복되는 생활이다 보니, 그것이 처음에는 그렇다 할지라도 계속 지속되다 보면 그러합니다.

전 : 그러고 보니, 칭찬은 없고 비판만 있는 형태이군요.

표 : 아, 제가 학교에 다닐 때는 **'2일 생활총화'**라는 것이 있었습니다. 이틀에 한 번씩 진행되는 것이었습니다. 그러니 꼼짝할 수가 없었지요. 완전히 묶어둔 셈이었습니다. 그렇게 통제하였던 것입니다.

강 : 그게 1974년도였습니다. 그때 김정은 주석이 문화예술인들을 통해 무언가를 하면서 전국적으로 확산하였던 것입니다. 그렇게 생활총화가 매일같이 반복되다 보니, 학업에 전념할 시간이 없었던 것이지요.

전 : 그러하였군요. 그렇게 엄격하게 통제되다가 선생님께서는 이곳에서 그러한 것이 없으시니, 어떠하신지요?

강 : 편안하고 좋은 점은 분명합니다만…

김 : 흥미로운 점이 무엇인지 아십니까? 아침에 출근하면 '조회'라는 것을 또 합니다. 노동신문 등 무언가를 읽어주기도 합니다. 그렇지 않으면 조회를 통해 **"오늘은 무슨 무슨 일을 합니다"라고 전달**합니다. 농촌이든 공장이든, 8시 30분 출근하여 9시가 넘어서까지 조회가 이어지면, **실제로 일할 시간이 부족**해집니다. 그러면 대략 2시간 이내에 각자의 집으로 돌아갑니다.

전 : 집에 가요? 왜요?

김 : 점심 식사를 하기 위함입니다. 집에 가서 식사하고 와야지요. 누가 따로 식사를 제공해 주겠습니까. 집이 먼 사람들은 도시락을 싸 와서 먹습니다. '벤또'라고 불리는 것을요.

강 : 식사를 제공하는 것이 아니기 때문입니다.

전 : 그렇군요.

표 : 그곳에 또 하나 잘못된 점이 무엇인지 아십니까? 한마디로 북한은 **이동의 자유가 없고, 거주의 자유가 없으며, 직업의 자유도 없습니다. 이처럼 자유가 전혀 없는 상태**입니다.

전 : 그렇다면 통행증은 어느 정도 거리에서 받아야 하는지요? 이곳 강서구를 기준으로 할 때 홍대 정도까지 가려면 통행증이 필요한지요?

김 : 그렇지 않습니다. 군과 군을 오갈 때 필요합니다. 이곳 강서구에서 경기도 정도라고 비유할 수 있겠습니다. 경기도 쪽으로 가려면 받아야 하는 것입니다. 다른 군 지역으로 이동할 때 필요한 것입니다.

전 : 아, 그렇다면 이곳에 거주한다고 가정했을 때 서울 시내 전체는 자유롭게 다닐 수 있는 것이로군요?

표 : 그렇습니다. 하지만 평양은 특별구역으로 되어 있어서 자유롭게 들어갈 수 없습니다. 자유롭게 나오지도 못합니다. 현재는 다소 개선되었을지는 모르겠습니다만.

박 : 북한의 두만강에는 푸른 선이 두 개 있습니다. 이는 차이가 있다는 의미입니다. 그러니까 평양, 개성, 두만강, 압록강 등 그쪽 지역은 경계가 더욱 심각한 곳입니다. 그런데 **아이들이 위조하여 평양으로 가는 경우**도 있습니다.

김 : 그보다는 **보통 뇌물을 주고 가는 경우**가 많습니다.

표 : 평양은 보통 이렇습니다. 제가 이곳에 사는데, **평양에 친척이 있다면, '승인 번호'라는 것을** 내려보내 주는 것입니다. 승인 번호가 나오지 않으면 부모님의 장례식에도 갈 수 없습니다. 제가 이곳에 거주하더라도 부모님께서 평양에 계실 경우, 돌아가셔도 가지 못한다는 의미입니다. 대부분의 분들은 뒷배가 없으면 가지 못합니다. 승인 번호를 받기가 매우 어렵습니다.

전 : 그렇다면 그 승인의 기준은 무엇인가요? 어떠한 이유로 승인을 해주는 것

입니까?

표 : 이곳에서 말씀하시는 서울시와 유사한, 시행정위원회라는 곳이 있는데 그곳에 2부라는 부서가 있습니다. 그곳에 가게 되면 '댐프'라고 불리는 담배파트가 있습니다. 거기에 담배를 주고 이제 승인 번호를 받아 가는 것입니다. 담배가 귀하고 생산량이 적기 때문입니다.

전 : 너무나도 살기 어려울 것 같습니다. 이러한 원칙이 없으니 말입니다. 만약 제가 담배를 드렸는데 양이 적다고 하여 보내주지 않을 수도 있는 것이잖습니까. 그러면 세 보루를 드려야 할지, 다섯 보루를 드려야 할지 알 수 없는 것이로군요.

표 : 그렇습니다. 기준이 명확하지 않습니다. 하지만 대략 어느 정도의 양을 주면 되는지에 대한 어림짐작은 있습니다.

강 : 아닙니다. 대략 어디를 가면 어느 정도의 기준이 있습니다.

전 : 아, 그렇다면 일종의 시세 같은 것이 있다는 말씀이군요?

김 : 그렇습니다. 이곳 역시 뒷배경이 없으면 그렇지 않습니까. 사람들과 친하고 아는 사이라면 수월해지지요. 인맥도 중요하지만, 권력을 쥐고 있으면 살기가 좋습니다.

표 : 누군가와 좀 친분이 있다면 좋은 것이지요.

전 : 어떻게 보면 이곳과 또 공통점이 있네요. 행위 방식이 조금 다를 뿐이군요.

표 : 그치. 어떤 면에서는 비슷하지만, 방식이 서로 다른 거지.

연 : 흥미롭습니다. 생활총화를 할 때 남녀에게 비슷한 것을 묻는지, 그러니까 남녀에게 묻는 내용이 같은지 다른지 궁금합니다.

전 : 호주 연구자께서 궁금한 점을 질문하시는군요. 생활총화를 할 때 남녀에게 같은지 다른 부분이 있는지요?

강 : **남성이나 여성이나 모두 사람인데, 그 부분에 있어서 차이는 없습니다.**

김 : 이곳의 초등학교에 보이 스카우트나 걸스카우트와 같은 조직이 있지 않습

니까? 이와 같이 북한에는 소년단이 있습니다. 그리고 고등학교에 진학하면 사회주의노동총연맹, 약칭 '사로총'이라고 불리는 조직이 있습니다. 그리고 군대에 가서 입당하면 조선노동당원이 되는 것이고, 만약 당원이 되지 못하면 직업동맹(직맹), 여성은 여성연맹(여맹)과 같은 조직이 있습니다. 그러한 것들이 모두 존재합니다.

전 : 되게 체계적이네요.

강 : 사로총, 그러니까 여성은 여성동맹. 그러니까 직장은 직맹, 농맹 다 있어요. 조직이.

전 : 그러니까. 매우 조직적이군요.

표 : 동맹들이 모여 생활총화를 진행하고 그러한 것이지요. 제가 이곳에 와서 국정원에서 홀로 책을 보았는데, 김일성이 세계적으로 명인이라고 하더군요. 사람들을 통제하는 방식이 머리가 좋다고 하였습니다.

강 : 조직을 모두 구축해 놓고, 식량을 면밀하게 조절하는 방식입니다.

표 : 솔직히 말씀드리자면, 생각 자체가 다른 것이지요. 그 사람 입장에서는 자신이 옳다고 여기는 것입니다.

전 : 아, 그러하였군요. 그렇다면 또 궁금한 점이 있습니다. 선생님께서는 이곳에서 약 20년간을 살아오셨잖습니까. 그러면 이곳의 방식대로 변화하게 되는 건지, 어떠하신지요?

표 : 제가 (북한에서) 40년간을 살았는데, 이곳에서는 상상할 수 없는 일들이 있었습니다. 그렇기에 변화해야 합니다. **그곳에서 지내던 사고방식 그대로라면 이곳에서는 살아갈 수 없습니다.**

강 : 그러니까 저의 성격 자체를 억누르고 적응해야 합니다. 그러나 그것이 쉽지는 않습니다.

표 : 그런데 주체사상을 이곳 남한 사람들도 인정하는 경우가 있습니다. **'내 운명은 내가 책임진다. 내 운명을 개척해 나가는 것도 나에게 달려 있다.' 이것이 바로 주체사상**입니다.

김 : 주체사상이 어디서 기원하였는지 말씀드리자면, 교회 성경에서 나온 것입니다. 김일성 주석의 어머니께서는 강반석이라는 분이셨고, 교인이셨습니다. 김일성 주석께서도 기독교를 믿었다고 합니다.

(10분 휴식)

쉬는 시간 : 북한은 염소탕을 식초에 재워서 먹는다는 얘기. 철판에 구워서 먹음. 염소 고기, 개고기, 토끼가 몸에 좋다는 이야기. 연구 참여자들은 북한에 있을 때 술을 모두 즐기는 편이었음. 음주 운전이 일반적이며, 단속에 걸려도 담배 한 갑으로 해결될 수 있을 정도로 관대하다고 함. **북한은 음주 운전이 가능**한 나라라고 함.

전 : 양성평등이라는 개념에 대해서 한국에 오셔서 처음에 어떻게 느끼셨는지요?

강 : 양성평등이라는 것은 남녀평등을 의미하는 것이지요?

김 : 그곳 역시 상당히 평등한 편입니다만, 아직도 부모님 세대에서는 남존여비 사상이 남아 있습니다.

강 : 맞습니다. 이곳도 아직 남존여비 사상이 남아 있지요.

표 : 저는 **경제적인 관념의 차이** 때문이라고 생각합니다. **'나는 당신이 아니어도 스스로 돈을 벌어 살아갈 수 있다'라는 것이 한국 여성들의 생각입니다. 북한 여성들은 '남자가 없으면 살 수 없다'라고 생각하는 경향**이 강했습니다. 그렇기에 남성에게 복종하는 태도가 강한 편입니다.

전 : 그럼, 양성평등을 주장하는 사람들의 입장에 동의하세요?

김 : 저는 동의해요.

표 : 어떤 측면에서요?

전 : 그러니까 남성도 여성도 함께 돈을 벌고, 함께 일하며 세탁과 같은 가사도 같이 하는 부분에 대해 동의하시는지 여쭙는 것입니다.

표 : 동의해요.

김 : **저 같은 경우는 북한에서는 그러한 일들을 하지 않았습니다. 아내가 살아 있을 때까지는 하지 않았습니다. 아내가 사망하고 나서 제가 전업주부의 역할을 하게 된 것**입니다. 그런데 북한처럼 고생할 일이 있습니까? 나무를 팰 일이 있습니까? 없습니다. **석탄을 지고 올 일도 없습니다. 빨래도 세탁기를 돌리면 됩니다. 가스를 켜면 되는 것이니, 무엇을 고민할 일이 있겠습니까?**

전 : 그렇다면 그 신념이 변화하신 것이로군요. 북한에 계실 때는 'A'라고 생각하셨는데, 이곳에서 살아가면서 'A'로 생각이 바뀌신 것이잖습니까. 그러한 생각의 변화에 영향을 미친 요인들은 어떤 것이 있을까요? 지금 선생님께서 말씀해 주신 것처럼, 물리적인 환경 역시 영향을 주었을 것입니다. 어떠한 점들 때문에 선생님의 생각이 변했을까요?

표 : **사람은 환경에 의해 크게 변화**합니다. 결국 환경의 영향이 크다고 봅니다.

전 : 그렇다면 환경이라는 것이 사람들의 이야기를 듣거나 매스컴을 통해서 접하면서 변화하게 되는 것일까요?

김 : 그러한 것보다는 자연스럽게 바뀌게 되어 있습니다. 대한민국은 현재 맞벌이 부부가 대부분이지 않습니까. 함께 돕고 협력하며 살아가는 것이지요.

전 : 그렇다면 그러한 생각의 변화가 언제부터 시작되었다고 딱 잘라 말하기는 어렵겠지만, 대략 어느 정도의 시간이 걸렸을까요?

김 : 시간이 다소 필요합니다. 저희 같은 경우는 살아온 세월이 있고, 오랜 습관이 몸에 배어 있기 때문입니다.

박 : 시간이 소요됩니다. 몸에 밸 정도로 오랜 세월이 흘렀으니 말입니다.

김 : 대략 10년 정도 보아야 할까요?

표 : 사람이 생각을 변화시킨다는 것은 참으로 쉽지 않습니다. 고정관념이 깊이 자리 잡고 있어서 솔직히 쉽게 변하지 않습니다. 저는 한편으로 **식당 같은 곳에 가보면 남성분들보다 여성분들이 더 많은 것**을 보게 됩니다.

전 : 여성분들이 더 많다는 것은 어떤 의미인지요?

표 : 여성분들이 외식을 자주 한다는 것입니다. **참으로 이곳은 한마디로 쉽게 말씀드리자면 여성들이 살기 좋은 세상**입니다.

박 : **상대적인 것으로** 볼 수 있습니다.

전 : 그렇다면 이곳에서 자기주장이 강하고, 자유롭게 외식하는 여성분들을 보실 때 어떤 느낌이 드시는지요?

표 : 바람직하지 못한 모습이 더 많이 보이곤 합니다.

김 : 특히 **성적으로 개방된 부분**에서 그러합니다.

박 : 여성에 대한 고정관념이 생기는 것입니다.

김 : 원래 북한 여성은 외도라는 것을 알지 못해야 합니다. 하지만 **북한에서도 외도하는 여성도 있습니다.**

강 : 그러니까 집에서 여성은 가정 살림만 해야 한다는 개념이 있는 것이지요. 그런데 북한 체제가 무너지면서 장마당이 생기고, **여성들이 돈을 벌기 시작하면서 남성이 통제를 하지 못하게 된 것이지요.**

표 : 대체로 그러합니다. **탈북자 여성분들도 대체로 일하는 것을 달가워하지 않습니다.** 일하는 여성을 거의 보지 못했습니다. 물론 힘들게 노력하여 돈을 모은 여성분도 있습니다만, 식당 일을 싫어하는 경향이 있습니다. 제가 가만히 살펴보면 말입니다….

김 : 이곳은 3D 업종을 남성이나 여성이나 모두 하려 하지 않습니다.

표 : **여성분들이 다단계에 상당히 많이 참여합니다. 돈을 쉽게 벌려고 하는 것이지요.**

강 : 또 유흥업소에도 북한 여성분들이 많습니다.

박 : 그런데 한편으로는 안타까운 마음이 듭니다.

전 : 그러니까 **여성들은 성적으로는 좀 신중하고, 자기 남편을 집에서 잘 내조하는 것이 바람직하다고 생각**하시는 것이로군요.

참여자 남성 모두 : 그렇습니다.

김 : 지방 어디에 가면 커피숍이 있지 않습니까. 그곳의 **티타임에 북한 여성분들이** 상당히 많습니다.

강 : 편하게 살아가려 하는 것이지요.

김 : 비난할 필요는 없습니다. (한숨)

전 : 여성성과 남성성에 관해서는 어떻게 생각하십니까?

박 : 저는 아주 오랜 기간을 살지는 않았습니다만, 어느 정도 말씀하신 것과 비슷하게 생각하는 부분이 있습니다. 하지만 또 너무 심한 것은 아니며, 저 역시 비난할 정도는 아닙니다. **그냥 '네, 하고 싶으면 하십시오'와 같은 정도**입니다.

김 : 어쨌든 자본주의 시장이지 않습니까. 자본주의 사회이기에, 제가 알기로

는 노무현 대통령 재임 전까지는 각 지방에 '588'이라고 불리던 곳이 모두 있었습니다. 청량리, 영등포 등지에도 말입니다. 파주에는 아직도 존재합니다. **자본주의 사회에서는 그러한 것을 없애서는 안 된다고 생각합니다. 그러한 이유로 강간과 같은 사건 사고가 발생하는 것**이지요.

강 : 그렇습니다. 동의하는 바입니다. 남성 또한 생리적으로 여성을 만나야 합니다. 그러한 환경을 없애니 강간, 살인과 같은 사건들이 발생하는 것으로 생각합니다.

전 : 그렇다면, 여성을 위한 유흥업소에 대해서는 어떻게 생각하시는지요?

표 : 있지. 내가 있을 때만 해도 **여자를 욕했지. 남자 욕 안 했어. 여자가 꼬리를 쳤으니까 그렇다고 했지.**

강 : 바람피워도 여자만 욕한 거지.

표 : **북한 역시 공식적으로는 그러한 것이 없습니다만, 불륜은 모두 존재**합니다.

연 : 호주 역시 마찬가지입니다. 그곳에는 여성분들도, 남성분들도 모두 방문할 수 있는 곳이 존재하며, 이는 합법입니다.

표 : 저는 이곳에 와서 제가 느낀 점은, 중국에서 생활하시든 어느 다른 곳에서 생활하시든, 저의 진실한 마음을 가지고 살아가면 된다고 봐요.

○ 저자 소개

전주람 (ramidream01@uos.ac.kr)

1979년 서울에서 태어났으며, 성균관대학교에서 가족(가족관계 및 교육, 가족문화)으로 박사학위를 최종 취득하였다. 서울시립대학교 교육대학원 교수학습 · 상담심리 연구교수로 2017년 7월부터 2019년 6월까지 재직했으며, 현재는 서울시립대학교 교직부 소속으로 〈심리검사를 활용한 심리치료〉, 〈심리학의 이해〉를 가르치고 있다. 아울러 서울가정법원 상담위원으로 2014년부터 최근까지 활동 중이며, 2022년부터는 통일부 통일교육위원으로 활동하고 있다. 지속적인 연구 관심사로는 가족관계, 부부회복, 문화갈등, 남북사회문화 등이 있다. 주요 논문으로는 「50대 부부 갈등을 겪는 중년 부부의 변화유발 요인과 호르몬 변화에 관한 가족치료 사례연구」, 「20대 이혼을 결심한 신혼기 부부에 관한 가족치료 사례연구」, 「북한이주민과 근무하는 남한 사람들의 직장생활 경험에 관한 혼합연구」(공저) 등이 있으며, 저서로는 『절박한 삶』(공저, 2021년 서울대학교 다양성위원회 선정 도서), 『20대에 생각해 보지 않으면 후회할 것들』(공저), 『21세기 부모 교육』(공저, 2023년 세종도서 학술부문 선정 도서) 등이 있다. 2016년 KBS 〈생로병사의 비밀 : 뇌의 기적〉 600회 특집에 부부상담사로, 2021년 KBS통일열차 일요초대석에 출연하였다.

배고은 (yscarpediem@naver.com)

11년 경력의 임상간호사 출신 의료사회학자. 간호 현장에서 노동자의 과로와 건강 문제가 개인을 넘어 사회 구조적 차원과 깊이 연관되어 있음을 깨닫고, 그 원인을 파헤치고자 사회학의 길로 들어섰다. 2024년 고려대학교 사회학과에서 「강제된 감정노동과 감정부조화 : 대형 병원 간호사에 대한 질적연구」로 박사학위를 취득하며, 감정노동을 야기하는 사회 · 조직적 요인을 심층적으로 규명했다.

현재 한양대학교 의과대학 의료인문학 교실 연구원으로 재직하며, 환자-의료진-보호자 간의 소통을 증진하는 공유 의사결정(Shared Decision - Making, SDM) 모델을 연구하고 있다. 주요 연구 분야는 감정노동, 노동환경과 건강, 그리고 북한이탈여성 · 노인 · 재외동포 등 사회적 취약계층의 건강 문제이다. 2023년부터 한국학술정보 「남북한 문화비교 총서」 시리즈의 저자로 참여하고 있으며, 국제보건의료재단(KOFIH)의 '재외동포 보건의료지원 사업 연구' 등 다양한 프로젝트를 수행하며 정책 연구 및 현지 조사 역량을 확장해 왔다. 주요 저서로는 『그리고 우리가 남았다』(공저, 2021년 세종도서 교양부문 선정), 『북한이주민과 건강 내러티브』(공저, 2024)가 있다. 대표 논문으로는 「코로나 19의 장기화가 노인의 일상생활에 미치는 영향에 대한 탐색적 연구」, 「완경기 탈북 여성의 건강관리 실태에 관한 탐색적 연구」 등이 있으며, 현장 중심의 연구를 이어가고 있다.

곽태환 (econoth@nate.com)

서울에서 태어나 고려대학교에서 사회학 박사 과정을 수료하였습니다. 통일 정책과 통일 이후의 사회 통합을 주제로 다양한 분야의 연구를 수행하였고, 공군 학사장교 129기로 2012년 임관하여 정훈장교로 복무한 후 2020년에 전역했습니다. 2017년 석사학위 논문으로 '북핵에 대한 한국 정부의 대응 정책에 관한 연구'를, 2018년에는 '북한 3세대 최고 지도자의 리더십'에 대해 연구하였고, 2019년과 2020년에는 정책 기획 보고서인 '대한민국 국방력의 퀀텀 점프를 위한 제4 병종의 창설'과 '대통령 전용기 도입에 관한 보고서'를 작성했습니다. 2021년에는 '신(新)안보 시대에서 새판짜기 : 국민 우선주의를 향하여'라는 논문으로 국가안보전략연구원 논문 공모대회에서 입상했습니다. 국방부 직할 기관인 국방정신전력원 전문 연구원으로서 육군본부에서 의뢰한 'AI 미래 정신 전력 플랫폼의 평가 도구'(공저, 2021), '지금 그들은 : 육군 신임 공보 정훈장교의 100일'(2022), '군악 운영 실태와 개편 방안'(2023), '군가 가창 활성화 방안 연구'(2024) 등의 보고서를 작성하여 정책에 실제로 반영된 유효한 대안을 제시하였습니다. 또한 '다문화주의에서 조명한 국군 정신 전력 기본 교재의 국가관'(2023), '정명(正名)의 관점에서 본 북한이탈주민의 명칭 고찰-2세대 실향민 명칭을 제안하며'(공저, 2024), '위협의 다양화를 통해 본 안전 보장 이슈와 호국 정신의 중요성 고찰'(2024), '우리 군과 다문화 - 외면과 방치의 중첩을 중심으로'(2024), 등의 연구를 진행하였습니다. 저서로는 『우크라이나-러시아 전쟁의 시사점과 교훈』(공저, 2023)이 있습니다.

그림 배진영 (totn0@naver.com)

단순해 보이지만 힘 조절에 따라 표현 방식이 달라질 수 있는 펜을 통해 각자의 개성을 담아 보려고 했습니다.

북한 출신자들의 증언으로 살펴보는
성 역할 내러티브

초판인쇄 2026년 01월 09일
초판발행 2026년 01월 09일

지은이 전주람 · 배고은 · 곽태환
그린이 배진영
펴낸이 채종준
펴낸곳 한국학술정보(주)
주 소 경기도 파주시 회동길 230(문발동)
전 화 031-908-3181(대표)
팩 스 031-908-3189
투고문의 ksibook1@kstudy.com
등 록 제일산-115호(2000. 6. 19)

ISBN 979-11-7457-374-2 93330

책에 대한 더 나은 생각, 끊임없는 고민, 독자를 생각하는 마음으로 보다 좋은 책을 만들어갑니다.